Ursula Kollritsch

Glücksorte in Bonn

Fahr hin und werd glücklich

W0175393

Droste Verlag

Für Tom, Max, Ben
und meine Bonner Lieblingsmenschen
– ihr wisst schon –
und alle, die gerne das Schöne entdecken.

Viel Glück & Freude

Ursula Maß

Dieses Buch gehört

....

....

= Bad Honnef, Dezember 2019 =

Liebe Glücksuchende,

Glücksorte machen alles weit und leicht oder nah und bezaubernd, so dass man tief durchatmen oder umgekehrt die Luft anhalten möchte. Und den Moment mit dazu. Als Autorin liebe ich den Blick von außen, das Staunen, Entdecken und sich immer wieder Wundern. Auf der Suche nach Bonns besonderen Plätzen, Aus- und Einblicken durfte ich mit vielen wunderbaren Menschen über ihre und meine Stadt sprechen. Denn Glücksorte gibt es viele, zu beiden Seiten des Rheins. Weit mehr als 80! Allen voran die schönen Buchläden, in denen ich am liebsten übernachten würde.

Meinen Lesern wünsche ich viel Freude beim Blättern, auf ihren eigenen Glückswegen und natürlich mit den Bonnern und ihrer herz-lich-rheinischen Lebensart. Hier war und ist die Welt zu Gast. Man kann die Seele baumeln lassen, das Leben feiern. Egal ob drinnen oder draußen, klein, groß, beschaulich oder überschwänglich. Alle ausgewählten Orte üben auf ihre Weise eine Faszination aus, lassen uns innehalten, verweilen und wiederkehren. Als würden sie sagen: Das Leben ist schön. Bleib hier und sei glücklich.

Ihre Ursula Kollritsch

Deine Glücksorte ...

... noch mehr Glück für dich

Übers Wasser schweben

Mit der MS Moby Dick auf dem Rhein

Was schwimmt denn da auf dem Rhein? Von Weitem sieht es aus wie ein riesiger blauer Fisch und lässt Fremde zweimal hinschauen. Bonner kennen diese Erscheinung von klein auf und freuen sich immer, wenn sie am Horizont auftaucht: die MS Moby Dick, ein Flaggschiff der sogenannten Weißen Flotte, das Ausflügler auf dem Rhein glücklich macht. Auf den ersten Blick sieht der Wal nach viel Karosserie und geschlossenen Räumen aus. Das Sonnendeck fällt kaum auf, die großen Zähne und seine elegante Heckflosse sind attraktiver. Doch während bei anderen Rheinschiffen alle sofort nach oben strömen, um sich den Platz mit der besten Aussicht zu sichern, empfiehlt sich hier eine Fahrt im Inneren des Fisches ausdrücklich. Moby Dicks Zähne sind bugtiefe Fenster, und sobald man sich weiter in den Bauch hineinziehen lässt und dem Fischmaul näher und näher kommt, glaubt man, selbst auf der Oberfläche des Flusses zu schweben. Mitten in der Fahrrinne von Vater Rhein. Dann gibt es nur noch diesen wunderbaren, glitzernden Fluss, der sich in der Mitte teilt, während die Promenaden, Häuser und Auen an beiden Seiten vorbeiziehen – und alles fließt!

TIPP *Ein Klassiker ist die Rundfahrt von Bonn nach Linz, gut 4 Stunden schönste Rheinromantik.*

Die MS Moby Dick ist ein Bonner Original, benannt nach Melvilles Romanhelden sowie einem weißen Wal, der im Jahr 1966 deutschlandweit für Schlagzeilen sorgte. Bei einem Sturm im Ärmelkanal war der Zoo-Wal von einem Transportschiff ausgebüxt. Mitte Mai tauchte er im Rhein bei Duisburg auf und schwamm weiter flussabwärts, in Bonn kehrte er um und verschwand schließlich nach einem Monat so plötzlich und spurlos in der Nordsee, wie er gekommen war. Zur Erinnerung an dieses rheinische Medienereignis wurde zehn Jahre später das Wal-Schiff gebaut. Ein Koloss von 45 Metern Länge mit Platz für 229 Personen im Salon plus 200 Freiplätzen. Seine Heimat ist der Rhein zwischen Bonn und Koblenz. Moby Dick ist auch bei großen Events wie Rhein in Flammen und Kölner Lichter dabei. Die Bonner Fahrgastschifffahrt bietet zudem Sonderfahrten an, etwa für Kinder zum Kölner Zoo oder Schokoladenmuseum.

▶ MS Moby Dick, Bonner Fähr- und Fahrgastschifffahrt GmbH & Co. KG, Anlegestelle Bonn Alter Zoll, Brassertufer/Landebrücke 9, 53111 Bonn (Zentrum), Tel. (02 28) 26 47 26, www.mobydick-bonn.de
▶ ÖPNV: Stadtbahn 16, 63, 66, 67, 68, Haltestelle Universität/Markt, wenige Minuten Fußweg

Wenn es rosa Blüten schneit

2 *Kirschblütenzeit in der Bonner Altstadt*

„Und wie mag die Liebe dir kommen sein? Kam sie wie ein Sonnen, ein Blütenschnein, kam sie wie ein Beten? – Erzähle: Ein Glück löste leuchtend aus Himmeln sich los und hing mit gefalteten Schwingen groß an meiner blühenden Seele." Jedes Jahr im Frühling denke ich in Bonn an den Dichter Rainer Maria Rilke und diese Zeilen. Wenn in der Altstadt die Zierkirschen blühen.

Schon Wochen und Tage zuvor melden die Sozialen Medien den Stand der Dinge, genauer gesagt, der Knospen. Auf der Plattform www.kirschbluete-bonn.de informiert ein Liveticker in Wort und Bild. Dann plötzlich ist es so weit: Aus kahlen, dunklen Winterbäumen wächst ein rosa Dach aus zarten Blütenblättern. Zwischen Ende März und Ende April erwacht die Bonner Altstadt zum Straßenleben. Alle zieht es nun hinaus und hin in das blühende Viertel, durch das ein süßer Frühlingsduft strömt. Hobby- und Profi-Fotografen erobern die Straßen auf der Suche nach dem besten Blick, der perfekten Perspektive. Auch japanische Touristengruppen kommen nach Bonn, um ihr Hanami-Fest zu feiern. Doris Dörrie lässt grüßen. Dabei ist das Naturschauspiel das Ergebnis eines Zufalls, denn im Zuge der Stadterneuerungen in den 80er-Jahren sollten hier Weißdornbäume gepflanzt werden. Diese waren allerdings in dem Jahr von einem Bakterium befallen. So fiel die Wahl auf die Zierkirsche.

TIPP *Ein weiteres Herz der Altstadt schlägt am Cafe-Roller am Frankenbad.*

Wer in Ruhe spazieren gehen und das rosa Glück atmen oder auf sich regnen lassen möchte, muss nicht ohne Souvenir bleiben: Das Fotostudio Print & Paint mitten in der Kirschblütensinfonie auf der Heerstraße verkauft die schönsten Fotos in vielen Formaten und lobt alljährlich einen Fotowettbewerb aus. Viele Altstadtläden stehen mit Tassen, Stoffen, Büchern und Co. ebenso ganz im Zeichen der Kirschblüte. Auch mit Konzerten, Ausstellungen, Lesungen sowie einem beliebten Haustürflohmarkt wird der Frühling gefeiert. Nach wenigen Wochen verblüht der zarte Zauber, die Blütenblätter werden weggefegt, die Altstadt gehört dann wieder ihren Bewohnern und den Bäumen mit dem dichten grünen Blattwerk.

▶ Breite Straße und Heerstraße, 53111 Bonn (Altstadt)
www.kirschbluete-bonn.de
▶ ÖPNV: Straßenbahn 61, 62, Stadtbahn 66, 67, Bus 602, 604, 605, Haltestelle Stadthaus

Wo Beethoven wacht

3 *Der Münsterplatz im Herzen Bonns*

Früh am Tag, wenn die Pflastersteine in der Morgensonne glänzen, kann man den Münsterplatz im freien Panoramablick bestaunen. Dann ist noch alles ruhig. Allein die unzähligen Tauben und Möwen fliegen auf, wenn jemand in der Mitte stehen bleibt oder über den Platz geht. Denn obwohl der Münsterplatz von Geschäftshäusern, Cafés und dem Bonner Münster eingerahmt wird, gehen die wenigsten um den Platz herum. Das Herz der Bonner Fußgängerzone wird von allen Seiten und in alle Richtungen schräg überquert. Anders ist es in der Adventszeit. Dann befindet sich auf dem größten Platz der Innenstadt das Zentrum des Weihnachtsmarkts. An vielen anderen Wochenenden im Jahr ist der Münsterplatz ebenfalls ein beliebter Standort für Events und Aktionen, vom Kunsthandwerkermarkt bis zur Weinbörse.

Wer etwas Ruhe im Alltag sucht, geht in das Bonner Münster, das diesem Glücksort seinen Namen gibt, nachweislich seit 1719. Die romanische Kirche ist selbst ein ganz besonderer Raum, ein Ort der Stille hinter dicken Mauern. Das trifft auch auf den eindrucksvollen Kreuzgang zu,

TIPP In der Weihnachtszeit ziehen animierte Steifftiere in die Schaufenster des angrenzenden Kaufhofs ein.

der an das Gebäude anschließt und die Zeitmaschine augenblicklich zurück ins Mittelalter à la „Der Name der Rose" dreht. Basilika und Kreuzgang werden voraussichtlich bis 2021 saniert und sind der Öffentlichkeit bis dahin nicht zugänglich.

Heimlicher Herr des Münsterplatzes ist der berühmteste Sohn der Stadt, der Komponist Ludwig van Beethoven. Seine hohe Statue wacht vor dem gelben Rokoko-Gebäude des ehemaligen Hauptpostamts (erbaut 1751–1753) über die Passanten. Rechts daneben befindet sich eines der beliebten Café-Bistros der Stadt, das Midi. Der umgebaute Pavillon beherbergte jahrzehntelang das stadtbekannte Milchhäuschen, das auf eine Bude mit Milchprodukten an gleicher Stelle zurückgeht. Gegenüber auf der Südseite des Platzes steht ein Modell des Bonner Zentrums aus Bronze, es zeigt das historische Stadtbild im 18. Jahrhundert, schon damals mit dem alles überragenden Münster.

⬤ **Münsterplatz, 53111 Bonn (Zentrum)**
⬤ **ÖPNV: diverse Bus- und Bahnlinien, Haltestelle Hauptbahnhof/Busbahnhof,**
wenige Minuten Fußweg

Teepötte und Herzwaffeln

4 *Gschwendner Teestube im Knusperhäuschen*

Einer der allerersten Glücksorte, die mir für dieses Buch in den Sinn kamen, ist dieser: die Teestube im Knusperhäuschen am Dreieck. Obwohl das Fachwerkhaus im Herzen der Bonner Innenstadt steht und die meisten den schönen Gschwendner Teeladen im Erdgeschoss kennen, ist die Teestube im ersten Stock nach wie vor für viele ein Geheimtipp. Hinter der Kasse und dem hohen Regal voller Teekisten führt eine Treppe nach oben, in eine Oase der Ruhe. Hier kann man lesen, schreiben, an einem der kleinen Fenster sitzen, entspannen und zuschauen, wie der Tee aufgebrüht wird. „Man muss die Blätter tanzen sehen", zitiert die Inhaberin Anna Gschwendner ihren Vater Albert, den Firmengründer.

Das Leben ihrer Eltern erzählt sich wie ein Roman. Sie haben sich früh verliebt, ineinander und in ihre Vision, in Deutschland feinen, losen Tee in einem Laden zu verkaufen. Diesen Traum, den sie mit Leidenschaft an ihre Kinder weitergegeben haben, verfolgten sie schon im Alter von 17 und 22 Jahren. Und das Knusperhäuschen, das ihnen ein Makler bereits 1977 beim ersten Rundgang durch Bonn zeigte, gehörte somit fast von Anfang an dazu. Im 16. Jahrhundert gebaut ist es eines der ältesten Häuser der Stadt und heute Stammhaus des Familienunternehmens.

TIPP Schwarztee Beethoven Melange probieren, für Bonn kreiert, oder meinen Lieblingstee Marani.

Gschwendner führt über 300 Teesorten, die meisten kann man in der Teestube genießen. Egal ob schwarz, grün, weiß, mit Kräutern oder Früchten werden sie in einer Kanne mit Stövchen serviert. Auf der Karte stehen auch kleine Gerichte, das beliebteste davon sind die klassischen Herzwaffeln nach einem Geheimrezept der Mutter. Die übrigens eigens auf Wunsch eines Kunden die Sorte Gwendalina's Backäpfelchen für kühle Herbsttage herstellte. Im Sommer gibt es mittlerweile auch köstliche Eissorten – mit erlesenem Tee, versteht sich. Hier inmitten der Bonner Fußgängerzone, umgeben von geschäftigem Treiben, bleibt die Welt draußen. Und das Leben ist für einen Moment ganz leicht und warm, mit dem Wissen, dass es solche zauberhaften Orte gibt. Wo könnte man schöner abwarten und Tee trinken?

***

Teestube TeeGschwendner, Dreieck 2, 53111 Bonn (Zentrum), Tel. (02 28) 69 65 64
www.teegschwendner.de
ÖPNV: Bus 550, 600–609, 640, Haltestelle Friedensplatz, Straßenbahn 61, 62, Stadtbahn 66, 67, Haltestelle Stadthaus, jeweils wenige Minuten Fußweg

Mit den Augen des Malers

⑤ Im August Macke Haus und Garten

August Macke fand ich schon großartig, bevor ich nach Bonn zog, und das Macke-Haus, bevor es umgebaut wurde. Doch seitdem würde einem wirklich etwas fehlen, wenn man nicht in diesem wunderbaren Museum gewesen wäre: ein Stück Bonn, ein Stück Welt, ein Stück Leben – Mackes Farben. Daher rangieren Haus, Garten und Atelier des Malers ganz oben unter den Bonner Glücksorten.

Für zwei bis drei Stunden – unbedingt etwas Zeit mitbringen – taucht man ein in die Welt des expressionistischen Malers, seiner Familie und Freunde. Im Erdgeschoss lernen die Besucher den jungen August kennen, der als 13-Jähriger mit seiner Familie nach Bonn zog und mit 17 vom Gymnasium abging, um Künstler zu werden. In seine zukünftige Frau Elisabeth verliebte er sich auf dem Schulweg, die beiden unternahmen unzählige Spaziergänge durch Bonn und Umgebung. Ganz nah ist einem der große Künstler durch Exponate wie Exlibris-Kärtchen, Bühnenbilder sowie berührend aufbereitete Audio-Guide-Informationen mit eigens für Kinder anwählbaren Texten. Stumm staunend gehen wir über 100 Jahre später durch die Räume, die die Mackes mit ihren kleinen Söhnen bewohnten. Als sei es gestern gewesen. Das Malen war sein Leben und so verschwimmen die Grenzen zwischen Kunst und Wirklichkeit. Ein Porträt seiner Frau verbindet sich dank moderner Technik mit der Fotografie an der Wand dahinter. Auf einer virtuellen Tischplatte wechseln Zeichnungen aus dem Familienleben, vor der Ansicht des Speisezimmers. Slides mit Mackes bekannten Gemälden nehmen uns im Zeitraffer mit auf seine Reisen. Es ist, als habe der junge Maler, der 1914 im Alter von 27 Jahren im Ersten Weltkrieg starb, mit seinem Werk gegen das Schicksal angemalt. 400 Bilder und noch mehr Zeichnungen entstanden in drei Jahren, viele im Atelier unterm Dach, wo er mit Franz Marc sein Paradies an der Wand verewigte. Durch das Fenster des hellen Raums ist die Spitze der oft gemalten Marienkirche zu sehen. Wieder unten klingt vieles nach. Dann ist Zeit für eine Nachlese im Café oder im Garten des Malers.

TIPP Macke-Hommage: durch den farbigen Pavillon im Hofgarten in den Himmel schauen.

▶ Museum August Macke Haus, Hochstadenring 36, 53119 Bonn (Nordstadt), Tel. (02 28) 65 55 31
www.august-macke-haus.de
▶ ÖPNV: Bus 602, Haltestelle Eifelstraße/Macke-Haus, Bus 604, 605, Haltestelle Frankenbad/Kunstverein, Stadtbahn 16, 18, 63, 68, Haltestelle Bonn West

Biergarten am Rhein

6 *Am Alten Zoll*

Den Alten Zoll kennt jeder in Bonn. Viele Studenten und Neubürger werden als Allererstes dorthin geführt und verbinden diesen Ort auf ewige Zeiten mit der Stadt. Vom Hofgarten Richtung Rhein, am Uni-Hauptgebäude, dem Schloss, entlang, erreicht man den beliebten Platz mit Weitblick in wenigen Minuten. Gemeint ist mit dem Alten Zoll im Stadtjargon nicht nur die imposante Bastion, die im 17. Jahrhundert als Abschluss der Stadtmauer diente und in der das Zollamt untergebracht war. Damals verlief der Rhein direkt unterhalb der Mauern, Kräne hoben Waren zum Verzollen aus den Treidelschiffen. Für die Bonner gehört zu ihrem Alten Zoll auch die große Wiese davor, offiziell Stadtgarten genannt, sowie ganz besonders der wunderbar gelegene Biergarten, in dem man ohne Chichi an Biertischen im Schatten unter Bäumen sitzt. Viele, vor allem Studenten, kommen schon am Mittag zum kleinen Snack vorbei. Der Blick auf den Rhein, die Schiffe, die Beueler Seite und hinüber ins Siebengebirge ist kaum zu übertreffen. Flaniert sind die Bonner hier schon vor über hundert Jahren, wie Ansichtskarten und Bildbände belegen. Auch Dichter und Denker wie Heine, Schlegel, Goethe und natürlich Ernst Moritz Arndt sollen die grandiose Aussicht genossen haben.

TIPP *Im Biergarten Rheinlust in Beuel kann man den Alten Zoll von der anderen Rheinseite bewundern.*

Die Befestigungsanlage wurde 2016 aufwendig saniert und bepflanzt. Auf dem Plateau haben auch wieder die zwei Salutkanonen Platz gefunden, aus denen, allen Legenden zum Trotz, wohl nie geschossen wurde. Das passt zum diplomatischen Bonn. Kaiser Wilhelm I. schenkte sie 1871 der Bonner Universität, der offiziellen Hausherrin des Alten Zolls. Im Sommer gehört er jedoch den Einwohnern und Touristen. Wenn der Biergarten voll ist, weicht man auf die Rasenfläche aus, geht runter zum Rhein oder schaut den Boulespielern zu. Bei den Stadtgarten-Konzerten gibt es abends Live-Musik „umsonst und draußen", ab und an gastieren Zirkusse auf der vorderen Wiese. Für den Winter hoffen die Bonner wieder auf ihr Eiszelt Bonn on Ice.

○ Der Alte Zoll, Brassertufer, 53113 Bonn (Zentrum)
○ ÖPNV: Stadtbahn 16, 63, 66, 67, 68, Haltestelle Universität/Markt,
wenige Minuten Fußweg hinunter zum Rhein

Da, wo's nur Brot gibt

7 *Beim Südstadtbäcker Max Kugel*

Max Kugel ist der Rockstar unter den Bonner Bäckern, der mit dem irgendwie anderen Bäckerladen. Anders ist vor allem: Weniger ist mehr. Der Bäckermeister backt und verkauft in der Einkaufsstraße am Bonner Talweg ausschließlich Brot. Wo früher jahrzehntelang ein bis unter die Decke mit Schnickschnack gefüllter Haushaltswarenladen war, gibt es seit Sommer 2017 zehn Brotsorten pro Tag. Oft sind die Scheiben der kleinen Bäckerei beschlagen vom warmen Brot in der Fensterauslage. Immer strömt einem beim Öffnen der Tür der Duft der frischgebackenen Laibe entgegen. Als würde es atmen in dem kleinen Geschäft. So erleben es auch Max Kugel und sein Team, die das Ziel haben, handwerklich hochwertiges, ehrliches Brot zu backen, bio und ohne künstliche Zusatzstoffe. Jeden Tag, der bei den Bäckern bekanntlich früh am Morgen beginnt, gilt es im Hier und Jetzt zu arbeiten. Mit dem Teig und allen Gegebenheiten achtsam umzugehen. Zu hören, zu riechen, alles im Blick zu behalten. Das erleben auch die Kunden, die Backstube ist offen und direkt hinter dem Verkauf. Der junge Mann mit der Basecap kommt aus einer erfolgreichen Bäckerdynastie und hat viele Länder bereist, mit Kollegen zusammengearbeitet, sich ausgetauscht. Seine persönliche Road to Bakery prangt an der Wand im Laden. Von überall hat er seine Lieblingsbrote, sprich Rezepturen und Kniffe, mitgebracht. Das spiegelt sich auch in den originellen Produktnamen wider. Da gibt es zum Beispiel das Föhrer Weißbrot mit Meeresbrise, den Heinz aus seiner Lahnsteiner Heimat und den regionalen Star, das Baguette Bonnette. Nummer zehn ist jeden Tag eine Überraschung. Spannend ist, dass der Start-up-Bäcker bereits Fans hatte, bevor das erste Brot über den Ladentisch ging. Schon ein Jahr vorher war er in den Sozialen Medien präsent und hat den Leuten auf der Baustelle von seiner Brot-Vision erzählt. Keine Abstriche bei der Qualität und Zufriedenheit für sich und seine Kunden, darum ging es von Anfang an. Glück kann man nicht kaufen, sagt Max Kugel, Brot schon.

TIPP Was alles hinter den Broten und ihren Namen steckt, auf der Homepage entdecken.

▶ **Max Kugel, Bonner Talweg 34, 53113 Bonn (Südstadt), Tel. (02 28) 85 08 36 75**
www.maxkugel.de
▶ **ÖPNV: Straßenbahn 61, 62, Bus 600, Haltestelle Weberstraße, wenige Minuten Fußweg**

Bonn spielt Großstadt

8 — *Auffahrt zur B 9, Richtung Zentrum*

Dieser Glücksort ist zugleich ein Glücksmoment. Ein Augenblick, den man am besten im Auto erlebt. Er ist flüchtig, dauert nur ein paar Sekunden, höchstens Minuten und kann wiederholt werden. Er wartet hinter einer kleinen Erhebung, einer Kurve, die nicht verrät, was danach kommt. Schon der Blick auf den Rhein und die Skyline bei der Überfahrt über die Südbrücke erfüllt einen mit Licht und Weite. Dann geht es runter, am Rheinauenpark vorbei, es folgt der silberne Post Tower, der in Froschperspektive noch höher erscheint. Eine enge Durchfahrt führt hinauf zur Rostskulptur ARC '89 von Bernar Venet. Die Zahl steht für den Grad der Biegung der Stahlträger, spielt aber auch auf 1989 an, das Jahr, in dem für Bonn eine neue Zeit begann. Ein Hingucker, der mit seinen riesigen Streben die Aufmerksamkeit auf sich zieht. Und dann beim Rechtsabbiegen, unerwartet, jedes Mal überraschend, ist er da: der Ort, der Moment, um den es hier geht. Plötzlich wird alles weit und hell und groß.

Ich bin auf der B 9, der Friedrich-Ebert-Allee. Drei Spuren führen hier in die Innenstadt. Immer geradeaus. Später wird sie unbemerkt übergehen in die Adenauerallee. Links ragen die hellblauen Türme vom Dach der Bundeskunsthalle in den Himmel, rechts zieht das alte Bonner Regierungsviertel vorbei. Heute wird diese Strecke, an der auch das Bonner Kunstmuseum, das Haus der Geschichte und weiter hinten das geschichtsträchtige Naturkundemuseum König stehen, Museumsmeile genannt. Früher war es die „Diplomaten-Rennbahn". Hier rasten werktags die Macher der Bonner Republik und zu besonderen Anlässen die Eskorten von Präsidenten, Staatschefs und gekrönten Häuptern entlang. Auf dem Weg zu Palais Schaumburg und Villa Hammerschmidt, auf der rechten Seite, bis heute zweiter Dienstsitz von Bundeskanzler und Bundespräsident. Entlang der Strecke wehten und wehen immer die Flaggen, viele produziert von der Bonner Fahnenfabrik. „Freude, Joy, Joie, Bonn" steht immer wieder darauf. Natürlich als Hommage an den berühmtesten Sohn der Stadt.

TIPP *Auf dem Rückweg durch das ehemalige Regierungsviertel fahren.*

▶ **Südbrücke Richtung Bonn, Abfahrt Rheinaue auf die B 9/Friedrich-Ebert-Allee, 53113 Bonn (Gronau)**
www.museumsmeilebonn.de
▶ **Anfahrt mit dem Auto oder Fahrrad**

Innehalten, wo Träume blühen

9 · *Blumencafé Morgentau hinterm Bahnhof*

„Such nicht – das Glück findet dich", steht vielversprechend auf einer Postkarte hinter der Tür. Und auch sonst gibt es viel zu entdecken und zu schauen in dem kleinen Laden auf der Rückseite des Hauptbahnhofs, unweit der Fußgängerunterführung. Vor einer beerenfarbenen Wand warten üppig gefüllte Blumenkübel auf Schenkfreudige, die natürliche, besondere Sträuße und Kreationen lieben. Auf der anderen Seite stehen Holztische, eine Bank und Stühle. Sie verwandeln das Blumenmeer in ein kleines, feines Café. Das dritte Standbein des Morgentau sind Accessoires, Lichter und Karten. Sie schmücken alle Ecken, Regale, Ständer, die Theke, das Schaufenster, ebenso wie den Platz vor der Tür. Draußen, an der Kreuzung Meckenheimer Allee und Quantiusstraße, kann man seinen Kaffee auf einer der Bänke genießen. Zwischen Blumenduft, unter Bäumen und inmitten all der schönen Dinge scheint die Zeit stehen zu bleiben, sobald man Platz genommen hat. Vielleicht liegt es daran, dass der Laden so viel Wundervolles vereint und auch für die Inhaberin ein zweites Zuhause ist. Für Gabriele Zander ist das Morgentau die Erfüllung eines Traums. Viele Jahre hat sie in der Gastronomie gearbeitet und immer an die Floristik gedacht. Diesen Berufswunsch verwirklichte ihre Tochter, die vor elf Jahren das etwas andere, kreative Blumengeschäft eröffnete. Als sie nach Aschaffenburg umzog und dort eine Dependance eröffnete, übernahm ihre Mutter das Bonner Morgentau und kombinierte mit dem gastronomischen Angebot kurzerhand ihre beiden Leidenschaften. Zum Glück für sie und ihre Gäste! Hier gibt es hausgemachte „Super Suppen", „Große Freude"-Frühstück, feine Törtchen und jede Menge Kaffee, Tee und heiße Schokolade. Auf der nostalgischen Theke stehen große Gläser mit Süßigkeiten, die Kinder wie zu Tante-Emma-Zeiten stückweise kaufen können. Für Freundinnen-Frühstücke, Junggesellinnentreffen und Mini-Events bitte vorher reservieren, die Sitzplätze sind rar und begehrt.

TIPP Ein Spaziergang durch das Musikerviertel mit Besuch im Rheinischen Landesmuseum lohnt sich.

◎ Blumencafé Morgentau, Meckenheimer Allee 65, 53115 Bonn (Weststadt), Tel. (0 15 12) 6 72 99 67
www.morgentau-floristik.de
◎ ÖPNV: Bus 601–607, Haltestelle Colmantstraße/Hauptbahnhof, Stadtbahn 16, 18, 63, 66, 67, 68, Haltestelle Hauptbahnhof

Die Grenze zum Wunder

 Zauberbedarf Kellerhof in Oberkassel

Es gibt Orte, denen man nicht auf den ersten Blick ansieht, welche wundervolle Welt sich dahinter verbirgt. So ist das im Bonner Stadtteil Oberkassel, Am Buschhof 24. Was von außen aussieht wie ein normales Wohnhaus, lässt im Erdgeschoss das Herz jedes Zauberers höherschlagen. Harry Potter und Hermine wären very amused. Hier bekommen Profi- und Hobbymagier alles, was sie brauchen, um ihre Zuschauer nach allen Regeln der Kunst zu verzaubern. Seile, Kartensets, Würfel, Münzen, Kästchen, Apparate stehen und liegen in Regalen und Schubladen. Im zweiten Teil des Raums befindet sich eine Bibliothek mit den wichtigsten Klassikern, Handbüchern und DVDs. Vermeintlichen Zauberer-Schnickschnack und Dekoartikel gibt es bewusst nicht im Sortiment.

Der Zauberbedarf Kellerhof gehört deutschlandweit zu den renommiertesten seiner Art. So mancher Kunde ist sogar schon extra aus dem Ausland angereist. Inhaber Jochen Kellerhof ist ein Bönnsche Jung, das Zaubern wurde ihm in die Wiege gelegt. 1953 starteten seine Eltern mit dem Laden. 1988 übernahm der Sohn, der ursprünglich Förster werden wollte, den Handel. Fünf Tage in der Woche ist er online und auf allen Bestellkanälen für seine Kunden da. Samstagvormittags öffnet sein Zauberstudio die Tür, von 10 bis 13 Uhr steht der Glücksort seinen Kunden vor Ort offen. Dann zaubern immer mindestens zwei Zauberer live und verkaufen die einzelnen Sets samt Tricks. So eindrucksvoll, dass man sich nicht satt sehen kann. „Gute Tricks müssen nicht aufwendig sein", berichtet der schnellsprechende Inhaber, und obwohl er mit der magischen Kunst sein Geld verdient und selbst sehr versiert zaubert, bestätigt er, wie schmal der Grat zwischen Täuschung und Wunder ist. Oft mit dem Verstand nicht zu begreifen. Das reizt Zauberer Kellerhof auch nach Jahren. Wenn der Profi und Händler Shows großer Magier zuschaut, gibt es auch für ihn Momente, die er sich nicht erklären kann. Das ist das Faszinierende: „Wenn es vollkommen natürlich aussieht. Als könne es einfach nicht anders sein."

TIPP Noch mehr Live-Magie gibt es jedes Jahr an diversen Orten bei SimsalaBonn, den Bonner Zauberwochen.

○ Zauber Kellerhof, Am Buschhof 24, 53227 Bonn (Oberkassel), Tel. (02 28) 44 16 68
www.zauberkellerhof.de
○ ÖPNV: Straßenbahn 62, Stadtbahn 66, Haltestelle Oberkassel Nord, 5–10 Minuten Fußweg

Bühne frei für Kinderhelden

 Das Junge Theater in Beuel

So sollte Theater immer sein! Die Türen offen für die Besucher, das Foyer wirkt ein bisschen wie aus einer anderen Zeit, in der Mitte ein Kassenhäuschen, wie man es aus historischen Filmen kennt. Der Intendant oder seine Mitarbeiter begrüßen und verabschieden persönlich. Im Erdgeschoss und im ersten Stock warten gemütliche Bistros im Kaffeehausstil mit Limonaden, Laugenbrezeln und Muffins.

Der Innenraum ist traditionell mit roten, samtenen Klapppolstern versehen, die Wände mit Stoff bezogen. Spätestens wenn der Theatergong dreimal ertönt ist, gehen die 50er-Jahre-Lichter aus. Dann heißt es eintauchen in die Welt der Kinder- und Jugendliteratur. Oft sieht man auf der Bühne alte Bekannte wieder. Schauspieler, die schon als Schlange, Räuber Hotzenplotz, Findus oder Tante Fanny verzaubert haben. Viele Mitglieder des leidenschaftlich spielenden Profi-Ensembles treten immer wieder und in mehreren Stücken pro Saison auf. Sie spielen, singen und tanzen so, dass die Kinder und Jugendlichen, genauso wie die erwachsenen Zuschauer von der ersten Minute an mittendrin sind in Grüffelos

TIPP *Bonn hat noch ein wunderbares Angebot für die ganze Familie – das FreilichtWanderTheater in Alfter.*

Wald, auf der Felseninsel oder dem Dachboden der unendlichen Geschichte. Die Schauspielschüler in den jüngeren Rollen geben dem Publikum zudem das Gefühl, einer von ihnen und Teil eines Ganzen zu sein. Das Bühnenbild ist immer eindrucksvoll konstruiert und gestaltet. Wer mit dem Jungen Theater und seinem für Kinder und Jugendliche perfekt zusammengestellten Programm aufwächst, hat die große Chance, Theater lieben zu lernen. Eine Kunst, die live ist, im besten Sinne analog und ganz nah dran. Das JTB feiert im Herbst 2019 sein 50-jähriges Bestehen. Mit 150.000 Zuschauern pro Spielzeit ist es seit zehn Jahren Deutschlands Nummer eins. Fast so lange, wie ich es kenne. An dieser Stelle muss ich persönlich werden: Noch nie hat mir ein Stück nicht gefallen. Immer bin ich beglückt und beschenkt über die Stufen aus dem Zuschauerraum getreten, in das schöne Foyer aus der anderen Zeit, hinaus in meinen Tag, auf die Hermannstraße.

● Junges Theater Bonn, Hermannstraße 50, 53225 Bonn-Beuel, Kartentel. (02 28) 46 36 72
www.jt-bonn.de
● ÖPNV: Bus 606, 632, 636, Haltestelle Beuel Krankenhaus, Straßenbahn 62, 65, Stadtbahn 66, 67, Haltestelle Konrad-Adenauer-Platz, ca. 5 Minuten Fußweg

Sonntag mit Sekt und Stil

 Brunch im Rheinhotel Dreesen

Auf die Frage, warum das weiße Jugendstil-Hotel zu den Glücksorten Bonns gehört, würde jeder spontan antworten: Es ist die Aussicht. In der Tat sitzt man an den riesigen Panoramafenstern im plüschigen Gobelin- und im lichtdurchfluteten Godesbergsaal wie mittendrin in einem Gemälde. Rheinromantik pur, Blickrichtung Petersberg. Vater Rhein fließt so nah und majestätisch vorbei, dass man die Promenade von oben kaum sehen kann. Doch beim Dreesen stimmt nicht nur das Außen, sondern das vielbeschworene Gesamtpaket, also auch die inneren Werte. Dafür steht das geschwungene D, Monogramm des Godesberger Familienhotels, das 2019 seinen 125. Geburtstag feiert.

Zum Sonn- und Feiertagsbrunch um 12 Uhr empfiehlt es sich, hungrig anzukommen. Über den roten Teppich schreiten, durch die Drehtür und dann erst mal die großzügige Lobby bestaunen, wie es sie gar nicht mehr so oft in Hotels gibt. Dort begrüßt meist der Hausherr selbst die Gäste, die vorab reserviert haben sollten, denn der Brunch ist oft lange im Voraus ausgebucht. Auf dem Buffet sind dann schon die kalten Vorspeisen angerichtet. Frühstücksklassiker, Salate, Suppen und kunstvolle Amuse-Gueules – zum Reinbeißen schön. Bitte nicht direkt satt essen, auch der Hauptgang, die saisonalen warmen Gerichte, haben eine Würdigung verdient.

TIPP *Für den kleineren Hunger bei ebenso großer Kulisse (im Sommer): Dreesens Biergarten.*

Es folgen Dessertvariationen und das Beste: die Crêpestation, vor der es sich definitiv lohnt, Schlange zu stehen.

Fritz Olaf Dreesen führt das Hotel in der fünften Generation. Seine Vorfahren haben aus einem Wirtshaus mit Badeanstalt ein Hotel aufgebaut, das stürmische Zeiten erlebt, Hochwasser bewältigt und viele prominente Gäste wie Charlie Chaplin, Greta Garbo, Caterina Valente, die Fußball-Weltmeister von 1954 und natürlich unzählige Politiker beherbergt hat. Noch ein persönliches Brunch-Highlight: Als wir einmal fragten, ob die Küche uns ein Babygläschen für unseren Sohn erwärmen könne, kam es perfekt temperiert auf einem Mini-Silbertablett mit Spitzendeckchen zurück, und wir konnten entspannt weiter genießen. Danke nochmal.

Rheinhotel Dreesen (Ringhotel Bonn), Rheinstraße 45–49, 53179 Bonn (Bad Godesberg), Tel. (02 28) 82 02-0, www.rheinhoteldreesen.de
ÖPNV: Bus 613, 615, Haltestelle Römerplatz, 5 Minuten Fußweg, Stadtbahn 16, 63, 67, Haltestelle Bad Godesberg Bahnhof, 15 Minuten Fußweg

Zum Abheben schön

13 *Ballonfestival in der Rheinaue*

Rot, gelb, blau – Heißluftballons in vielen Farben steigen in den Bonner Himmel und lassen das Siebengebirge dahinter wie eine Kulisse erscheinen. Ich gehöre zu den Menschen, die selbst nie in so einen Korb einsteigen würden. Doch den Traum vom sanften Fliegen, zu erleben, wie der Wind und die Landschaft vorbeiziehen und unter einem die Häuser, Menschen, Autos kleiner und kleiner werden, während man selbst dem Alltag entrückt, entschwebt – den kann ich mir vorstellen. Erhebend ist es auch, von unten zuzuschauen, wie andere abheben und sich auf die große Fahrt begeben. Denn auch wenn es so aussieht, spricht man beim Ballon vom Fahren und nicht vom Fliegen.

Wer das einmal mitmachen möchte, muss sich rechtzeitig anmelden und auf passendes Wetter hoffen. Ganz billig ist das Vergnügen übrigens nicht. Einmal im Jahr, im Juni, gehört die große Blumenwiese in der Rheinaue den Heißluftballons. Für drei Tage. Wer nicht vorab vom medialen Hype erfasst wurde, weiß es spätestens, wenn er in den Himmel schaut und plötzlich überall bunte Kugeln sieht. Auf der Erde wird auch einiges geboten. Das Festival beginnt am Freitagabend mit einem beeindruckenden Massenstart der teilnehmenden Ballone. Im Rheinauenpark gibt es Infos rund um die heiße Luftfahrt und ein vielfältiges, auf Familien ausgerichtetes Programm mit Bungee-Trampolin, Quad-Fahren, Ballon am Kran und Kinderschminken. Leuchtender Höhepunkt des Spektakels ist das mittlerweile traditionelle Ballonglühen am Samstagabend gegen 23 Uhr. Dann stellen sich die Ballone nach erfolgreicher Landung zusammen auf und beleuchten die Bonner Nacht. Elf Mal waren die Ballonfahrer schon hier zu Gast und die Rheinaue ist ihre perfekte Bühne. Zu Bonner Regierungszeiten für die Bundesgartenschau 1979 angelegt, ist der Freizeitpark als Erholungs-, Sport- und Eventort beliebt. Mit 160 Hektar ist das Areal fast so groß wie die Innenstadt, mit schönen Stationen, Gärten, Spielplätzen, Gastronomie, See und einem Wasserfall.

TIPP Bei Rhein in Flammen erklingt am Rheinauensee Beethovens Ode an die Freude zum Feuerwerk.

◖ Bonner Ballonfestival im Freizeitpark Rheinaue, Ludwig-Erhard-Allee 20, 53175 Bonn (Gronau), Tel. (02 21) 35 55 60, www.ballonfestival-bonn.de

◖ ÖPNV: Bus 610, 611, Haltestellen Johanniter-Krankenhaus oder Rheinaue Parkrestaurant, Stadtbahn 66, 68, Haltestelle Rheinaue

Dem Himmel ganz nah

 Heilige Stiege auf dem Kreuzberg

Obwohl am Kreuzberg immer einige Besucher und Touristen anzutreffen sind, ist es dennoch ein Ort der Stille und Entrücktheit. Von hier oben hat man einen einzigartigen Panoramablick über Bonn. Man muss einfach innehalten und schauen, durchatmen und weiterschauen. Als ich das erste Mal – nach Jahren in Bonn – hochkam, konnte ich es nicht fassen, dass ich DAS bisher verpasst hatte. Der Blick über die eigene Stadt vom Gipfel im Wald aus ist zu jeder Jahreszeit wunderbar und zum Verweilen schön. Es lohnt sich, Decke und Picknick mitzubringen, sich etwas Zeit zu schenken, um anzuhalten und einmal über den Dingen zu stehen. Wer gut zu Fuß ist, kann aus Poppelsdorf hochspazieren, das sind etwa 2 Kilometer.

Natürlich sollte man unbedingt auch einen Blick in die weiße Kreuzbergkirche werfen. Im Jahr 1627 gab der Erzbischof von Köln, Ferdinand von Bayern, das barocke Gebäude in Auftrag. Schon seit dem 15. Jahrhundert galt der Kreuzberg als Wallfahrtsstätte, an der Pilger das heilige Kreuz verehrten. 1746 stiftete Kurfürst Clemens August die Heilige Stiege, an deren Planung der berühmte Balthasar Neumann beteiligt war. Die reich verzierte Barocktreppe mit 28 Stufen ist eine Nachbildung der Scala Santa in Rom. Sie geht zurück auf die Treppe in Pilatus' Palast in Jerusalem, die Jesus bei seiner Verurteilung hinaufstieg.

TIPP Auf dem Rückweg an der Clemens-August-Straße, der Poppelsdorfer Ausgehmeile, einkehren.

Ein kurzer Rundweg führt von den Parkplätzen einmal um die Anlage herum und erweitert die herrliche Aussicht auf andere Stadtteile. Seit 1970 ist hier ein Zentrum für internationale Bildung und Kulturaustausch untergebracht. Der Kreuzberg ist ein Bindeglied, eine Landschaftsbrücke. Die Erhebung grenzt an mehrere Stadtteile Bonns: Poppelsdorf, Ippendorf, Endenich und Lengsdorf. Hier trifft das Mittelgebirge der Eifel auf die Kölner Bucht und irgendwie auch der Himmel auf die Erde. Bei guter Sicht kann man die Türme des Kölner Doms am Horizont erkennen. Nachts leuchtet das Industriegelände bei Wesseling wie aus einer fernen Galaxie.

Kreuzberg Bonn, Stationsweg 21, 53127 Bonn (Ippendorf)
www.kreuzberg-bonn.de
ÖPNV: Bus 602, 603, Haltestelle Kreuzberg

Im Paradies des Goldbären

 Der HARIBO-Store am Neutor

Klar. Viele lieben Cola-Flaschen, Lakritzschnecken, Weingummi, Himbeeren, Frösche und Schlümpfe. Doch in den Herzen der meisten Liebhaber der Süßigkeiten aus Gelatine ist der Goldbär die Nummer eins. Er ist die Mickymaus unter den Gummibärchen und Bonns süßester Botschafter. Auch unter dem Firmennamen HARIBO – benannt nach dem Firmengründer HAns RIegel und BOnn – international bekannt.

Viele Jahre kauften die Bonner ihre Gummibärchen mit der einzigartigen Rezeptur und Konsistenz im schnörkellosen Lagerverkauf im Stadtteil Friesdorf. Dort gibt es bis heute die Klassiker und Neukreationen in allen Farben und Formen und großen Mengen. Seit 2013 haben die Goldbären und ihre Freunde auch das Zentrum erobert. Am Neutor, unweit des Münsters, zwischen Martins- und Kaiserplatz eröffnete der weltweit erste und viele Jahre einzige Store des Bonner Unternehmens. Am Eröffnungstag mussten die Kunden vor dem Geschäft Schlange stehen, heute verteilen sie sich gut auf den insgesamt 200 Quadratmetern Verkaufsfläche. An sechs Tagen in der Woche hat der bunte Laden geöffnet, ein süßlicher Geruch liegt in der Luft. Vor allem die lange Candy Bar ist ein Schlaraffenland für alle Liebhaber der süßen Bärchen, Früchtchen und Co. Hier kann man sich nach Herzenslust und ganz nach eigenem Geschmack Süßes aussuchen. Im ersten Stock gibt es dann Merchandising-Produkte aller Art – vom Kuli bis zur Bettwäsche.

TIPP *Nur ein paar Schritte weiter am Kaiserplatz steht Bonns legendärer Bücherkarren.*

Im Erdgeschoss sind die Meilensteine der Firmengeschichte dokumentiert: 1893 wird der Firmengründer Hans Riegel in Bonn geboren, er lernt Bonbonkocher und macht sich 1920 mit seiner ersten Fabrik, einer Hinterhofküche im damaligen Vorort Kessenich, selbstständig. Sein Startkapital besteht aus einem Sack Zucker, einer Marmorplatte, einem Hocker, einem gemauerten Herd samt Kupferkessel und einer Walze. Inspiriert von Jahrmarktattraktionen seiner Zeit kreiert er schon zwei Jahre später den ersten Gummi-Tanzbären, der als Vater des heutigen Goldbären gilt, und macht die Kinder an Bonner Kiosken froh.

🔘 **HARIBO Store Bonn, Am Neutor 3, 53113 Bonn (Zentrum), Tel. (02 28) 90 90 44 40**
www.haribo.com
🔘 **ÖPNV: diverse Bus- und Bahnlinien, Haltestellen Universität/Markt oder Hauptbahnhof/ Busbahnhof, wenige Minuten Fußweg**

Der Lampenkönig

 16 *Der weiße Kreis in der Altstadt*

Der Lampenkönig residiert nicht in einem der prunkvollen Schlösser in Bonn und Umgebung, sein Reich ist ein schmucker Laden in der Breiten Straße. Nicht weit von der Buchstaben-Girlande, die neben dem Stadthaus den Eingang der Bonner Altstadt markiert, kommt man auf der linken Straßenseite an einem Schaufenster vorbei, in das man einfach reinschauen muss. Der weiße Kreis, wie das Geschäft offiziell heißt, hat dienstags bis freitags von 14 bis 20 Uhr, an Samstagen von 11 bis 18 Uhr geöffnet. Das Innere ist eine einzige Erleuchtung: Von der Decke hängen und in allen Ecken, auf allen Tischen und Regalen stehen Lampen. Und zwar ganz besondere. Uwe Richter sammelt, repariert und verkauft antike Lampen, die meisten in Jugendstil und Art déco, aber auch einige Schätzchen aus den 50er-Jahren. „Bei den 60ern ist definitiv Schluss", erzählt er und betont, wie sehr er Design und Qualität der Prunkstücke schätzt, die jeden Raum zum Glänzen bringen. Sobald ein Haken an der Decke frei wird, kommt eine neue antike Leuchte dran. Uwe Richter bringt sie von Märkten, Messen, Urlaubsreisen, insbesondere aus Frankreich, Belgien und Ungarn mit. Die ältesten sind Gaslampen aus der Zeit um 1880, die er auf elektrischen Betrieb umfunktioniert. Bevor er sich auf Lampen spezialisierte, handelte Richter mit gebrauchten Elektrogeräten, der sogenannten Weißen Ware. Damals wohnte er noch um die Ecke und

TIPP Ein Stück weiter auf der Breiten Straße ist das Traditionsantiquariat Walter Markov.

wurde auf der Straße ständig auf die Malaisen von Elektrowaren angesprochen. Heute hat er nur noch ausgewählte Artikel im Sortiment wie Mixer, Puppenherde oder Ausstattung aus den Fifties. Während seine Kunden sich in Ruhe umschauen und staunen, repariert er an einem Tisch an der Wand. Im Laufe der Jahre hat er viele Ersatzteile erworben, die man sonst selten bekommt. In den Regalen dahinter steht jede Menge Literatur zu Stilgeschichte und Design. Sein Wissen und seinen eigenen Geschmack drängt er keinem auf, erzählt der selbsternannte Lampenkönig bescheiden und augenzwinkernd. Es sei denn, Paare brauchen Entscheidungs-, also Beziehungshilfe.

● Der weiße Kreis, Breite Straße 31, 53111 Bonn (Altstadt), Tel. (02 28) 63 19 94
www.der-lampenkoenig.de
● ÖPNV: Bus 602, 604, 605, Straßenbahn 61, 62, Stadtbahn 66, 67, Haltestelle Stadthaus,
wenige Minuten Fußweg

Die Gedanken sind frei

 Die Zentralbibliothek im Haus der Bildung

In der Kinderbibliothek erzählt eine Märchenerzählerin von Hans im Glück, Kindergartenkinder lauschen davor auf dem Boden, im Literarischen Salon sitzen zwei Frauen in Lektüre vertieft. Drei Schülerinnen haben in der Freistunde in der Lernbibliothek Platz gefunden, sie sprechen sich leise ab, während Teenager im Jugendraum kickern und Handynews austauschen. Jemand kopiert Rätsel aus druckfrischen Magazinen, die Treppe hoch im Zeitungsbereich lesen ein paar Männer die internationale Tagespresse. Die Reihe der Arbeitsplätze mit Ausblick über die Bücherreihen und hinüber in die Gänge des Hauses der Bildung ist voll besetzt. Der eindrucksvolle, hohe Raum der Stadtbibliothek lässt die Gedanken fliegen an diesem Donnerstagmorgen um 11 Uhr. In den historischen, zum Teil unter Denkmalschutz stehenden Mauern findet das Leben statt. Genau in diesem Moment. Dabei geht es ganz ruhig und respektvoll zu. Menschen aller Altersgruppen verbringen hier ihre Zeit, recherchieren für die Arbeit, studieren, bereiten Referate vor oder lesen. „Das ist das Besondere", sagt Leiterin Sylvia Gladrow, „Bibliotheken sind ein sozialer Raum, ein Ort der Begegnung."

TIPP *Das Literaturhaus Bonn und die VHS laden ebenfalls zu schönen Events in das Haus der Bildung ein.* 2015 wurde die Zentralbibliothek, die mit 9 Stadtteilbibliotheken verbunden ist, aufwendig umgebaut, erweitert und mit neuester Technik ausgestattet. Seitdem ist sie in das Haus der Bildung integriert, zu dem auch die Volkshochschule sowie das Literaturhaus gehören. Wenn man zum modernen Haupteingang hereinkommt, eröffnet sich eine fast sakral anmutende Architektur mit Sitz- und Arbeitsplätzen, WLAN, Selbstverbuchung und 24-Stunden-Rückgabe. Eine Heimat für die unzähligen Wörter, Gedanken und Bilder in den rund 145.000 Medien, mit Zugriff auf weitere 200.000 in den Stadtvierteln. Wer möchte, kann Filme anschauen, CDs hören und im Internet recherchieren. Im Sommer steht die Tür zum Garten und Draußenlesen offen. Die Welt der Bücher sowieso. Am liebsten würde ich direkt hierbleiben und lesen und schreiben, das Leben teilen und morgen wiederkommen.

> Zentralbibliothek im Haus der Bildung, Mülheimer Platz 1, 53111 Bonn (Zentrum), Tel. Servicetheke (02 28) 77 22 77, www.lib.bonn.de
> ÖPNV: diverse Bus- und Bahnlinien, Haltestelle Hauptbahnhof, wenige Minuten Fußweg

Fünf Minuten Urlaub

 18 *Fähre fahren Bad Godesberg – Niederdollendorf*

„Bei Euch ist es ja wie im Urlaub!" Diesen Satz hören Einheimische aus Bonn und Umgebung oft von ihren Gästen. Am häufigsten fällt dieser Satz am Rhein und – die Wette halte ich – beim Fährefahren. In Bonn führen drei Brücken über den Rhein: Nord- und Südbrücke sowie von der Innenstadt nach Beuel die Kennedybrücke. Dazwischen, davor und dahinter pendeln Fähren von der einen auf die andere Rheinseite, viele Male am Tag. Berufstätige sind oft täglich darauf angewiesen, andere benutzen sie nur hin und wieder. Doch immer beginnt, sobald das Auto steht und die Schiffsmotoren leise losbrummen, ein erfrischender Fünf-Minuten-Kurzurlaub. Der Rhein schlägt Wellen, der Wind pustet trübe Gedanken weg und der Alltag macht Pause beim Übersetzen. Jetzt heißt es schauen und warten. Zwischen Bad Godesberg und dem gegenüber-liegenden Niederdollendorf gibt es bereits seit dem 18. Jahrhundert eine regelmäßige Fährroute. 1908 wurde eine Fährgesellschaft gegründet, im Sommer nahm hier die erste elektrische Rheinfähre überhaupt ihren Betrieb auf. Der britische Premierminister Neville Chamberlain über-

TIPP Im Restaurant Bastei an der Fähre auf der Godesberger Seite Station machen.

nachtete 1938 eine Woche lang auf dem Petersberg und setzte mehrmals nach Godesberg über. Bundeskanzler Konrad Adenauer nutzte später die Fähre fast täglich, um von seinem Wohnort Rhöndorf auf der rechten Rheinseite zum Amtssitz im Palais Schaumburg im damaligen Regierungsviertel zu gelangen. Während seiner Regierungszeit zwischen 1949 und 1963 war das Schiff häufig für den Kanzler reserviert und drehte am Geburtstag des Staatsoberhaupts auch einmal eine Pirouette in der Mitte des Flusses. Die heutige Autoschnellfähre hat selbst bereits ihren 50. Jahrestag hinter sich, sie trägt den Namen des berühmten Fahrgasts. Ebenso wie die Christophorus, das zweite Schiff des Anlegers, muss sie Wind und Wetter trotzen, bei Sturm, Nebel, Hoch- oder Niedrigwasser sicher manövrieren und die Gäste ans andere Ufer bringen. Von 6 bis 21 Uhr. Dann springen die Motoren wieder an und die Wagen fahren ab. Viel Glück! Bis zum nächsten Kurzurlaub.

Rheinfähre Bad Godesberg Niederdollendorf, www.rheinfaehre-godesberg.de
Linksrheinisch: Von-Sandt-Ufer 902, 53173 Bonn (Bad Godesberg)
Rechtsrheinisch: Fährstraße 11, 53639 Königswinter (Niederdollendorf)
Anreise mit dem Auto, Rad oder zu Fuß

Eine Tüte Lieblingsessen

 Das cookit-Mobil auf dem Wochenmarkt

Pardina-Linsen-Salat mit jungem Spinat, Blumenkohl-Mozzarella-Kroketten und Honig-Joghurt-Dressing, Ragout vom Eifelrind mit Rotwein und Wacholder, das Ganze auf cremigem Kartoffel-Petersilienwurzel-Püree und zum Dessert Vanille-Parfait mit Cranberries und warmer Salzkaramell-Sauce oder fruchtige rote Grütze mit crunchigem Haselnusskrokant. Allein beim Lesen dieser Gerichte läuft einem das Wasser im Mund zusammen. Und erst beim Einkaufen, Kochen und Essen. Cookit sei Dank!

Die beiden Brüder Fabian und Tim Engelbrecht stehen seit über fünf Jahren mit ihrem schicken cookit-Mobil auf dem Bonner Wochenmarkt. Die geniale Geschäftsidee dazu basiert auf einer Studienarbeit in Betriebswirtschaftslehre. Aus der Aufgabe, ein Herzensprojekt vorzustellen, wurde ein Glücksjob, den die beiden Brüder mit unermüdlicher Kreativität und Leidenschaft fürs Kochen ausfüllen. Das Konzept ist so einfach wie genial: Wohlfühlküche auf Rezept! Mit allem Drum und Dran. Die Kunden entscheiden sich für ein Gericht und bekommen am Stand alle Zutaten, die sie dafür benötigen, in den richtigen Mengen. Inklusive Gewürze, Kräutersträußchen und Rezeptkarte. Vielfältige leckere Gerichte gelingen damit jedem, falsch oder zu viel einkaufen ist ausgeschlossen. Die meisten Lebensmittel bezieht das Koch-Team von regionalen Höfen und Lieferanten aus der Eifel und dem Bergischen Land. Internationale Spezialitäten werden kombiniert. Von Mittwoch bis Samstag, jeweils ab 9 Uhr, kann jeder am Stand aus mehreren Gerichten wählen und so viele Portionen zum Zubereiten erstehen, wie er für sich und seine Gäste braucht. Montags blubbert, brodelt und duftet es in der Team-Küche, dann werden die neuesten Lieblingsgerichte ausprobiert. Die zahlreichen Stammkunden freuen sich drauf. Frauen und Männer aller Altersgruppen, Studenten, Berufstätige, die wenig Zeit zum Kochen haben, ebenso wie ambitionierte Hobbyköche. Ab einer Mindestbestellzahl bringt der cookit-Kurier das Glück in der Tüte mittwoch- und samstagabends auch nach Hause.

TIPP Feine Weine gibt es beim Weinkommissar in der Friedrichstraße 20.

○ cookit-Mobil, Bonner Markt, 53111 Bonn (Zentrum)
www.cookit-bonn.de
○ ÖPNV: diverse Bus- und Bahnlinien, Bus: Haltestelle Markt, Stadtbahn/Straßenbahn, Haltestellen Universität/Markt oder Bertha-von-Suttner-Platz/Beethovenhaus

Mitten im Zauberwald

 Spaziergang im Melbtal

In der nordischen Mythologie gibt es Fabelwesen wie Trolle und Gnome, die gemeinsam mit Elfen und Feen in der Natur leben und nicht für jedermann sichtbar sind. Wenn es einen Ort in Bonn gibt, wo sie sich richtig wohlfühlen würden, dann das Melbtal. Passen würde es, auch im Siebengebirge auf der anderen Rheinseite wimmelt es schließlich nur so von Märchen- und Sagengestalten.

Das Naturschutzgebiet Melbtal ist ein verwunschener Wald, der sich entlang des Melbbachs, auch Engelsbach genannt, zieht und von der Waldau auf dem Venusberg bis nach Poppelsdorf-Ippendorf erstreckt. Der Bachlauf ist auf beiden Seiten von Wanderwegen begleitet. Unterwegs kreuzt die Melbbrücke, eine imposante dreibogige Steinbrücke aus dem 19. Jahrhundert. Der Name Melb wird auf das keltische Wort für „lehmig" zurückgeführt, denn der Zauberwald hat eine geologische Besonderheit: In der Erde trifft Ton auf eine Braunkohleschicht, gefolgt von wasserdurchlässigem Lösslehm. Diese Mischung führt zum Abrutschen bewachsener Hänge, Bäume können mitgerissen werden. Der Weg von der Quelle im Kottenforst durch den Wald führt immer wieder über Stiegen und Brücken. Nirgendwo in Bonn kann man so schön auf Baumstämmen balancieren, Hütten bauen oder Staudämme im klaren Wasser. Und das

TIPP Im Sommer Badesachen mitnehmen und sich im Melbbad erfrischen.

nur wenige Minuten von Poppelsdorf und dem Stadtzentrum entfernt. Überall rauscht und plätschert es, dazwischen gibt ein Specht den Takt an. Im Sommer ist es angenehm kühl im Schatten der Laubbäume. Nach einem 30-minütigen Spaziergang erreicht man das Melbbad-Freibad, wo früher eine Wassermühle stand. Ab Poppelsdorf verläuft der Bach unterirdisch weiter, er fließt in den Schlossweiher des Botanischen Gartens und von dort in den Rhein. Der italienische Dichter Luigi Pirandello, zur Promotion und als Lektor in der Stadt, veröffentlichte 1891 einen Gedichtezyklus, den er seiner Bonner Geliebten Jenny Schulz-Lander widmete. Vom „ewigen Frühling" und der „fröhlichen Seele des Tales" ist darin die Rede. Beides würde den Feen und Trollen gefallen.

🔘 **Das Naturschutzgebiet Melbtal zwischen Waldau und Poppelsdorf**
www.bonnentdecken.de
🔘 **ÖPNV: Bus 600, 602, 630, Haltestelle Jugendherberge**

Freude schöner Götterfunken

21 Beethovens Geburtshaus in der Bonngasse

Ja, Beethoven und Bonn werden oft in einem Zug genannt, und natürlich darf das Geburtshaus des weltbekannten Komponisten in der Bonngasse hier nicht fehlen. Allerdings nicht nur, weil der berühmte Sohn der Stadt im Hinterhaus, wie die Taufunterlagen vermuten lassen, am 16./17. Dezember im Jahr 1770 geboren ist, sondern weil es einer der berührendsten Orte ist. Wenn man vor der Vitrine mit Hörapparaten steht, die wie eine Mischung aus Trichter und Riesenfilter aussehen, und dabei die opulente Musik Beethovens im Ohr hat, wie sie in die Welt hinausströmt und alles ganz groß und prächtig erscheinen lässt, ist dann nicht alles möglich? Zu wissen, dass Beethoven seine Ode an die Freude, heute unsere Europahymne, zu Schillers Text „alle Menschen werden Brüder" geschrieben hat, als sein eigenes Gehör nur noch ein dumpfes Dröhnen wiedergab, ist so unfassbar wie hoffnungsvoll. Auf der Internetseite des Museums sind viele seiner Meisterstücke eingestellt, unter „Beethovens Ohr" auch in der unglaublichen Variante, wie der Komponist sie selbst hörte.

Das Haus, in dem die Familie einige Jahre verbrachte, hat niedrige Türen und Decken. Die schief getretenen Dielen knarzen, wenn die Touristen Tag für Tag durch die Räume streifen. Es ist eines der wenigen erhaltenen Bürgerhäuser Bonns aus dem 18. Jahrhundert. Beethovens Spieltisch, sein Schreibtisch und ein Wanderstock sind hier nebst Handschriften, Briefen, Kompositionen zu bewundern. Darunter auch ein Brief an die „Unsterbliche Geliebte", deren wahre Identität nach wie vor ein Geheimnis der Musikgeschichte ist, die in Bonn begann: Mit 7 tritt der junge Ludwig als Pianist auf, mit 12 gehen seine ersten Sonaten in Druck. Mit 14 wird er Organist der Hofkapelle. Mit 22 zieht er nach Wien, um bei Haydn zu studieren. „Der wird einmal in der Welt noch von sich reden machen", soll Mozart gesagt haben und behielt recht. Weitere Gänsehautmomente bietet der Kammermusiksaal nebenan, bei Konzerten wird auch auf Instrumenten aus Beethovens Zeit gespielt.

TIPP **Schon gesehen?** Auf vielen grünen Ampellichtern Bonns leuchtet Beethovens Porträt.

Beethoven-Haus Bonn, Bonngasse 24–26, 53111 Bonn (Zentrum)
www.beethoven.de
ÖPNV: diverse Buslinien, Straßenbahn 62, 65, Stadtbahn 66, 67,
Haltestelle Bertha-von Suttner-Platz/Beethovenhaus

Bar international

22 *Thirsty Thursday bei den Rheinland Distillers*

„Wer bei uns in Bonn sein möchte, kann in Bonn sein oder auch in jeder anderen Stadt auf der Welt", sagt Raphael Vollmar, einer der beiden Macher des populären Siegfried Gins. Und das stimmt. In dem Showroom mit exquisiter Bar und schummriger Lounge im Casablanca-Style kann man innerhalb von Sekunden abtauchen und alles vergessen. Dafür sorgen das gedimmte Licht aus Goldspiralen-Birnen, die Musik, 1-a-Barkeeper und nicht zuletzt das Glücksgefühl, einen Platz an der Theke oder im Separee erwischt zu haben. „Konzentration auf das Wesentliche" nennen die Rheinland Distillers diese besonderen Momente.

Mit dem Siegfried, den Kenner liebevoll Siggi nennen, haben Raphael Vollmar und Gerald Koenen 2014 einen Coup gelandet. Ihr Rheinland Dry Gin, mit internationalen Auszeichnungen überhäuft und auf dem Weg zum Marktführer, gilt als In-Getränk schlechthin. Seinen Namen hat er von der Nibelungensage, Schauplatz Siebengebirge, bei der ein Lindenblatt auf der Schulter des Drachentöters den gewissen Unterschied macht. Beim Siegfried Gin sind Lindenblüten für den unverwechselbaren Geschmack verantwortlich. Die Story steht auf jeder Verpackung, der Schriftzug ist „rut un wieß". Die Freunde lieben es, Gegensätze zu vereinen: Tradition und Lifestyle, Region und weite Welt, Designerflaschen und Holzkorken, Stuck und Farbe. Ihr Showroom in der Mozartstraße ist zugleich das Büro der Firma. Alles kein Zufall und doch nicht planbar. Das Rheinische ist für die Pioniere ein Lebensgefühl und der Siggi mehr als ein Schnaps. Der Erfolg liege vor allem daran, dass die Herstellung ehrlicher Produkte ihnen großen Spaß mache. Um diese Freude zu teilen, öffnet die Bar jeden Donnerstag von 18 Uhr bis Mitternacht für alle. Auch auf der Terrasse sitzen und stehen dann viele Bonner Nachtschwärmer. Dass hier Raum und Zeit verschwimmen, muss übrigens nicht am Alkohol liegen. Seit 2018 hat Siggi einen Partner: Wonderleaf, der erste alkoholfreie „Gin", entstand aus einem Aprilscherz und spielt ganz selbstsicher bei den Großen mit.

TIPP Mehr Infos zur Gin-Herstellung gibt es bei den Seminaren und Tastings.

● Rheinland Distillers Büro & Bar, Mozartstraße 24, 53115 Bonn (Weststadt),
Tel. (02 28) 24 99 25 04, www.rheinlanddistillers.com
● ÖPNV: Bus 604–607, Haltestelle Herwarthstraße, 1 Minute Fußweg, diverse Bahnlinien,
Haltestelle Hauptbahnhof, 5 Minuten Fußweg

Zurück in die Gründerzeit

 23 *Spaziergang durch die Südstadt*

Zugegeben, ein Spaziergang durch die Südstadt ist zu jeder Tages- und Jahreszeit ein Erlebnis. Doch am allerallerschönsten ist er ab dem 24. Dezember. Die Fenster der Gründerzeitfassaden erstrahlen dann im weihnachtlichen Glanz, in den Erkern stehen prunkvolle Tannen und auch die Vorgärten präsentieren sich geschmückt im besten Licht.

Die Südstadt ist ein Mikrokosmos, der hinter der Unterführung an der Poppelsdorfer Allee beginnt und sich bis zum Botanischen Garten sowie zur Reuterstraße erstreckt. Sie gilt als Deutschlands größtes zusammenhängendes erhaltenes Gründerzeitviertel. Ein Haus ist hier so prächtig wie das nächste und noch prächtiger, soweit das Auge reicht. Das Bonner Bürgertum startete mit der Reichsgründung 1871 einen Bauboom, der den Süden über Jahrzehnte zu einer Dauerbaustelle machte. Mit breiten Straßen, Alleen und Grünflächen zum gesunden Wohnen unweit von Universität, Schloss und Bahnhof. Zum Glück der heute etwa 10.000 Bewohner des beliebten Viertels. Säulen, Erker, steinerne Balkone, Balustraden, Skulpturen zieren die schmucken Fassaden des Fin de Siècle.

TIPP **Die Geschichte einzelner Straßen und Villen ist in schönen Büchern über die Südstadt nachzulesen.**

An den Treppenstufen erzählen Eisenhalter von der Zeit, als die feine Gesellschaft ihre Überschuhe, Galoschen genannt, vor der Tür abstreifte. Viele Häuser haben romantische Vorgärten mit schmiedeeisernen Zäunen und Türen, die neben dem Eingang in den Keller führen – das waren die Dienstboten- und Lieferanteneingänge.

Zum besonderen Flair und zur Lebensqualität rund um den Bonner Talweg gehört auch die bunte Mischung individueller Geschäfte, Cafés und Restaurants von bekannten Bonnern sowie Neugründern. Gemeinsam werden Events, Verkaufswochenenden und Straßenfeste organisiert. Einmal im Jahr öffnen die Künstler ihre Ateliers und Galerien. Und an Weihnachten gehen wir wieder los, schauen in die hell erleuchteten Stuben und stellen uns das Leben dahinter vor. Wir und – wie sich bei einem zufälligen Gespräch unter Freunden herausstellte – auch ganz viele andere.

● **Südstadt, zwischen Poppelsdorfer Allee und Reuterstraße, 53113 Bonn**
www.suedstadtleben.com
● **ÖPNV: Bus 600, Haltestelle Weberstraße, Straßenbahn 61, 62,**
Haltestellen Weberstraße oder Rittershausstraße

Jede Menge Bücher to go

 24 *Bücherschrank in der englischen Telefonzelle*

Der junge Werther steht neben Bibi Blocksberg. Sartre ist Seite an Seite mit Elke Heidenreich, natürlich in geschlossener Gesellschaft. Der Bonner Eckart von Hirschhausen stellt Lachen als die beste Medizin vor, während Ken Follett die Säulen der Erde erbaut. Das Ganze auf gut einem Quadratmeter. Unmöglich? Keineswegs. Im britischen Bücherschrank auf der Adenauerallee ist die Welt zu Gast. Bücher aller Größen und Genres teilen sich die Regalreihen. Die Telefonzelle im englischen Style ist eine Mini-Bibliothek, oder besser gesagt Büchertauschbörse. Jeder kann hier Bücher anschauen, mitnehmen, ausleihen und andere hineinstellen. Rund um die Uhr, ganz ohne Formalitäten.

Dass Bonn eine Stadt der Bücherliebhaber ist, zeigen eindrucksvoll die vielen wunderbaren Buchhandlungen, die seit Jahrzehnten in vielen Stadtteilen das gedruckte Wort verkaufen. Aber auch die zahlreichen Offenen Bücherschränke, die hier, wen wundert's, ihre Wurzeln haben. Bonn ist der Geburtsort dieses nachhaltigen Kulturaustauschs. Bereits in den 90er-Jahren gab es in anderen Städten erste Kunstprojekte, bei denen zum Beispiel Stromkästen in kleine Straßenbibliotheken umfunktioniert wurden. Bühnenbildnerin Trixy Royeck nahm dann 2002 als Innenarchitekturstudentin an einem Wettbewerb der Bürgerstiftung Bonn teil und gewann mit der Idee, Offene Bücherschränke zu bauen und als besondere Treffpunkte in der Stadt aufzustellen. Der allererste steht an der Poppelsdorfer Allee, mittlerweile gibt es weit über 1000 in ganz Deutschland, davon rund 20 in der ehemaligen Hauptstadt. So fand auch die in den 80er-Jahren von der Partnerstadt Oxford geschenkte Telefonzelle ihre zweite schöne Verwendung. Unternehmensberater Philipp Görgen und Politikwissenschaftler Stefan Müchler setzten das Projekt 2010 mit Unterstützung des Bonner Oxford-Clubs sowie lokaler Handwerksbetriebe um und kümmern sich seitdem um die Erhaltung dieses Hinguckers an der Adenauerallee, 648 Kilometer entfernt von der Universitätsstadt Oxford, wie ein Wegweiser bestätigt.

TIPP *Very british geht es auch im kleinen Upper Crust Café zu, Bonner Talweg 88.*

⊙ **Telefonzelle vor dem Oxford-Club Bonn e.V., Adenauerallee 7, 53111 Bonn (Zentrum)**
⊙ **ÖPNV: Stadtbahn 16, 63, 66, 67, 68, Haltestelle Universität/Markt, wenige Minuten Fußweg**

Was das Herz begehrt

 25 *Der große Flohmarkt in der Rheinaue*

Ab März ist Flohmarktzeit. Jeden dritten Samstag im Monat verwandelt der weit über die Stadtgrenzen bekannte Markt die Rheinaue in ein fröhliches Treiben mit Waren aller Art. Offiziell von 8 bis 18 Uhr. Die Tapeziertische, Bierbänke und Verkaufsstände ziehen sich wie eine imposante, farbenfrohe Schlange über die asphaltierten Wege von Bonns Central Park. Von oben hat man einen beeindruckenden Blick über die Reihen. Wer abkürzen will, läuft die steilen Hügel dazwischen hoch und runter. Oder lässt sich runterrollen, wie es die Kinder lieben.

Der Rheinauen-Flohmarkt gilt als einer der größten Deutschlands, einer der schönsten ist er allemal. Hier gibt es alles, was das Trödlerherz begehrt: Klamotten, Taschen, Hüte, Spielsachen, Geschirr, Möbel, Lampen, Platten- und Magazinsammlungen sowie Klatsch und Tratsch. Auch historische Schätzchen sind überall zu finden, wenn man ein Auge dafür hat. Die Händler bauen bereits am Vortag ihre Stände auf und sind schon früh am Morgen bereit zum rheinischen Handeln. Jeder kann hier seine Kostbarkeiten anbieten und eine Woche im Voraus online einen Standplatz reservieren. Insgesamt 1,6 Kilometer stehen zur Verfügung. Auch für spontan Entschlossene sind meistens noch Plätze frei. Die Geschichte der Bonner Flohmärkte begann 1973 an der Schlosskirche, zwei Jahre später zog man in den Hofgarten um und landete schließlich über den Umweg Beueler Rheinufer 1983 im Rheinauenpark. Von dort und aus der Stadtkultur ist er nicht mehr wegzudenken.

TIPP **Beim Sommerfestival spielen Coverbands im Biergarten des Parkrestaurants. Eintritt frei. Stimmung mega.**

Am Eingang unter der Brücke gibt es Snacks, Getränke, oft auch Straßenmusik. Im Japanischen Garten lassen sich die Hochzeitspaare fotografieren, im Rheinauensee schaukeln die Tretboote und dazwischen packen Familien ihre Grills aus. Wer etwas Ruhe braucht, legt sich auf die grüne Wiese und sucht Wolkenbilder oder versteckt sich in der Hängebuche. Das Leben ist schön hier am Rhein, bunt und lebendig. Am Abend geht es mit Rucksack und vollen Taschen nach Hause. Bis zum nächsten Flohmarkt in vier Wochen. Winterpause ist ab November.

Flohmarkt Rheinaue, Ludwig-Erhard-Allee, 53175 Bonn (Gronau)
www.flohmarkt-rheinaue.de
ÖPNV: Bus 610, 611, Haltestellen Johanniter-Krankenhaus oder Parkrestaurant Rheinaue,
Stadtbahn 66, 68, Haltestelle Rheinaue

Kaffee, Kunst & Kleider

 Frau Holle in der Altstadt

Mode, Kunst, Café steht auf den roten Markisen vor Frau Holles Fenstern. Mit der Märchenfigur hat der Ort nicht wirklich etwas zu tun, und doch kommt man in eine kleine Wunderwelt, wenn man über die Stufen der Seiteneingänge eintritt und die Glocke erklingt. Ursprünglich stammt der Name vom hinteren Teil des Ladens. Bevor dieser zur Boutique für ausgewählte Mode wurde, war dort in den 80ern ein Wollladen, kurz Frau Wolle, untergebracht. Als 2003 der vordere Bereich hinzukam und zur lauschigen Cafébar umgebaut wurde, musste nur ein Buchstabe geändert werden. Voilà.

Hätte ich nur ein Wort, um Frau Holle zu beschreiben, würde ich spontan „golden" sagen. Das liegt sicher zum einen an der beeindruckenden Kaffeemaschine, einem Belle-Époque-Kessel von Elektra, der feinste Kaffeespezialitäten zaubert, aber auch an der leuchtenden Atmosphäre insgesamt. Inhaberin Elke Hausmann erzählt gerne von ihrem besonderen Laden-Café, das die beiden Geschäftsbereiche absolut stimmig und künstlerisch kombiniert. An vielen Stellen wie der Theke, auf Hockern, Tassen und Tellern sind bunte Spuren der Malerin Deva Wolfram zu entdecken. Nichts bleibt dem Zufall überlassen. Die Modelieferanten kennt die Chefin persönlich und legt großen Wert auf nachhaltige Produktion und Materialien. Sie schätzt die Vorzüge von Bio-Baumwolle und Hanfstoffen. Stillstand ist ein Fremdwort in diesem Raum. Bei Altstadt-Events wie Night-Shopping oder Kirschblütenfesten ist Frau Holle als feste Größe im Viertel dabei und hat ihr Angebot in all den Jahren immer weiterentwickelt. Alles ist harmonisch verzahnt. Neueste Geschenkangebote im Sortiment, wie Glasstrohhalme, verwendet das Team natürlich selbst im Café, und auf Nachfrage bekommen Kunden auch mal das Rezept einer feinen Quiche. Frühstück und hausgemachte Kuchen gibt es immer. Die Gäste sollen sich hier gut und zu Hause fühlen. Wenn dann jemand, was schon vorkam, fast vergessen hat zu zahlen, gilt das bei Frau Holle als schönes Kompliment.

TIPP *Frau Holles Kaffee, exklusiv geröstet im Bonner Espresso Studio, kann man hier kaufen.*

▶ Frau Holle, Breite Straße 54–56, 53111 Bonn (Altstadt), Tel. (02 28) 65 23 22
www.frau-holle.com
▶ ÖPNV: Bus 602, 604, 605, Straßenbahn 61, 62, Stadtbahn 66, 67, Haltestelle Stadthaus, wenige Minuten Fußweg

Trainspotting & Déjà-vus

 27 *Auf den eigenen Spuren im Haus der Geschichte*

Ah, schau mal – hör doch – ja, genau so war das damals – wir hatten auch … Sätze wie diese hört man in allen Ecken des gut besuchten Hauses der deutschen Geschichte. Überall muss man schauen, lesen, hören, durchgehen, sich erinnern. Sogar an der Decke hängen Exponate. Das Museum ist ein Ausflugsort für die ganze Familie. Es macht Geschichte erlebbar und empfiehlt sich, immer wieder vorbeizukommen und Neues zu entdecken: Willy Brandts Kniefall, Stadionsitze vom Wunder von Bern oder auch den Zettel, auf dem John F. Kennedy in Lautschrift notierte: „Ish bin ein Bearleener." Meine liebsten Exponate sind diejenigen, die einen sofort in die Zeit von damals versetzen: die Schwarzhändlergasse, der Bundestag, die Luftbrücke zum Durchgehen, alles zur Generation Fernsehen, die riesige 50er-Jahre-Vitrine und die italienische Eisdiele mit Musikbox. Niemanden würde es wundern, wenn jetzt noch Horst Buchholz oder Peter Kraus swingend um die Ecke kämen. Déjà-vus und Ahas, wohin man schaut. Von der Schwarzwaldklinik bis zum Mauerfall.

Das 1994 eröffnete Museum zeigt die deutsche Geschichte von 1945 bis in die Gegenwart auf mehreren Etagen. Die Wechselausstellungen im Foyer sind immer einen Besuch wert, die Dauerausstellung, die ständig erweitert wird, ohnehin. Eines sollte man auf jeden Fall machen: zum Trainspotting via Rolltreppe in den Keller fahren. Dort steht der imposante Salonwagen 10205, das größte, schwerste und erste Ausstellungsstück des Hauses. Bereits 1937 von der Reichsbahn gebaut, wurde er nach dem 2. Weltkrieg zum Kanzlerzug. Adenauer fuhr mit ihm zu Staatsbesuchen, unternahm Wahlkampftouren sowie private Reisen. Auch die folgenden Kanzler Erhard, Kiesinger und Brandt waren mit dem Salonwagen unterwegs und stellten ihn ausländischen Staatsgästen zur Verfügung. Auf engstem Raum konnten sie darin schlafen, sich waschen, arbeiten und dinieren. Das Haus der Geschichte steckt voller Erinnerungen, die uns nachdenken lassen, über das, was war, und das, was kommen soll. Der Eintritt ist frei.

TIPP Der Museumsshop ist einzigartig gut sortiert. Nicht vorbeigehen.

● Haus der Geschichte, Willy-Brandt-Allee 14, Tel. (02 28) 91 65-0, 53113 Bonn (Gronau)
www.hdg.de
● ÖPNV: Bus 610, 611, Stadtbahn 16, 63, 66, 67, 68, Haltestelle Heussallee/Museumsmeile

Und irgendwo das Meer

28 *Die Düne in Tannenbusch*

Schmale, sandige Pfade führen typischerweise hinauf auf eine Düne, rechts und links wächst Gras, oft gibt es ein Holzgeländer zum Schutz der Landschaft. So ist das auch bei dieser Düne. Die ansteigenden Wege sind ein Versprechen. Wo sie sind, kommt, sobald man den höchsten Punkt erreicht hat, das Meer. Möwen kündigen schreiend seine Existenz an und sein Rauschen ist zu hören, bevor man es sieht, den salzigen Geschmack längst auf der Zunge. Das wiederum gibt es hier alles nicht. Jedenfalls nicht in der Realität. Die Düne in Bonn-Tannenbusch – ursprünglich Dannenbusch, also Dünenbusch – ist eine der ganz wenigen Binnendünen Deutschlands und die grüne Lunge des Stadtteils mit den vielen Wohnblocks und Hochhäusern. Wenn man eine Anhöhe erklommen hat, führt der nächste Sandpfad wieder einen Hügel hoch oder hinunter und so weiter. Vor rund 11.000 Jahren, am Ende der Eiszeit, ist die Düne entstanden, was damals keine Seltenheit war. Starke Winde wehten den Sand aus Flussarmen des Rheins herüber und häuften eine massive Dünenkette an, die ursprünglich 600 Meter breit und 8 Kilometer lang war. Bereits vor Christus wurde sie besiedelt. Heute umfasst die wellenförmige Anhöhe knapp 7 Hektar und diverse Wege, ein Ruhepol mitten im Wohngebiet. Die grüne Buckelpiste ist perfekt für verschiedene Auszeiten, zum Joggen am Morgen oder einen Spaziergang bei Sonnenuntergang. Kinder spielen auf der Düne, Jugendliche chillen. Brombeerhecken bahnen sich ihren Weg. Grüne Halsbandsittiche pfeifen in den Bäumen. Auf dem Sandtrockenrasen wächst das Silbergras, daneben seltene Pflanzen wie Wiesenbocksbart und Sandwicken. Seit 1989 steht das Gelände unter Naturschutz, es wird von der Biologischen Station und der Universität erforscht und gepflegt.

Das nächste Meer ist knapp 300 Kilometer entfernt in den Niederlanden. Die Verbindung ist da, auch der Rhein fließt in die Nordsee. In diesem Sinne hält das hügelige Dünenwaldstück sein Versprechen, auf seine Art ist es ein Sehnsuchtsort – und irgendwo kommt immer das Meer.

TIPP   Leckere Eisspezialitäten gibt es in der italienischen Eisdiele Etna am Paulusplatz.

○ Naturschutzgebiet Düne, An der Düne, 53119 Bonn (Tannenbusch)
○ ÖPNV: Stadtbahn 16, 63, Bus 601, Haltestelle Tannenbusch Süd, 5 Minuten Fußweg, Stadtbahn 18, 68, Haltestelle Brühler Straße, 10 Minuten Fußweg

Auszeit in den Baumkronen

 29 *Die Baumhäuser des V-Hotels am Venusberg*

Mit dem Zwitschern der Vögel aufwachen, mit dem Rauschen der Baumkronen einschlafen und dazwischen einfach das Zirben genießen. Richtig gelesen! Das b stimmt. Was sich wie ein Traum anhört, ist seit 2015 Wirklichkeit auf dem Bonner Venusberg. Schilder mit der Aufschrift „Rotkäppchen", „Waldgeist" und „Rostlaube" weisen den Weg ins Glück: So heißen die drei Baumhäuser, die dort neben dem V-Hotel im Wald stehen. Wendeltreppen führen von außen in den Hüttenzauber in 3,5 Metern Höhe. Direkt beim Eintreten nimmt man den angenehmen Duft des öligen Zirbenholzes wahr. Die Rückzugsorte auf Stelzen sind Spezialanfertigungen, aus Echtholzplatten der seltenen Kiefernart gefertigt, die in den Alpen und Karpaten wächst. Ohne weitere künstliche Isolierung. Die positiven Wirkungen des Holzes auf das Raumklima und den Menschen sind seit Jahrhunderten bekannt, sogar die Herzfrequenz soll sich messbar senken. Den Rest schafft das Panoramafenster vor dem Doppelbett mit Blick in die Wipfel der Bäume. Entspannung und Waldbaden pur. Mit Mini- und Kaffeebar, WC sowie Dusche mit Rückwand im Wasserfall-Design. Zwei der Häuser haben ein Spitzdach und daher noch eine Kuschelkoje im Giebel. Frühstück gibt es im Haupthaus, wo weitere 42 Zimmer in 4 Komfortstufen bewohnt werden können. Blick ins Grüne, Balkon und viel Liebe zum Detail gehören auch hier zum Credo des Hotels. „Freiheit für die Kunst" steht im Treppenaufgang auf einer unverputzten Wand, Belege dafür kann man in allen Ecken des Hauses entdecken.

In seinem Namen vereint das V-Hotel gleich zwei V: die Voits als Inhaber und den Venusberg als Heimat. Das individuelle Hotelprojekt ist ein Familienbetrieb oder besser gesagt: ein Vater-Tochter-Unternehmen. Geschäftsführerin Catharina Voit, studierte Kunsthistorikerin, wurde das Dienstleistungs-Gen in die Wiege gelegt. Nicht weit von hier baute einst ihr Urgroßvater das Hotel Casselsruhe, und so ist das V-Hotel für sie eine Art Nachhausekommen. Ein Gefühl, das sie sich auch für ihre Gäste wünscht.

TIPP Wildpark Waldau mit Naturkundehaus in 15 Gehminuten erreichbar.

⬭ **V-Hotel, Haager Weg 44, 53127 Bonn (Venusberg), Tel. (02 28) 9 71 44 50**
www.v-hotel.de
⬭ **ÖPNV: Bus 600, 602, 630, Haltestelle Jugendherberge**

Der Bauernhof in der Stadt

 Der Leyenhof mit Hofladen in Bonn-Friesdorf

Schon wenn man durch das grüne Hoftor kommt und die lange, links und rechts von Blumen bewachsene Einfahrt hochläuft, betritt man eine andere Welt. Das Gelände des Leyenhofs, Bonns einzigem Bio-Bauernhof, ist ein ganz besonderer Ort. Im Sommer, wenn es heiß ist, irgendwie frischer, im Winter herzerwärmend und auf eine ganz erdende Art entspannend. Das bestätigt auch Betriebsleiterin Vicky Jacobs, die viele ihrer Kunden seit Jahren kennt. Auf das Herzstück des zertifizierten Bioland-Betriebs geht man direkt zu: Der große Hofladen ist von montags bis samstags geöffnet. Dort gibt es Obst, Gemüse, Salate aus eigenem Anbau und von Höfen aus dem Umland sowie Brot, Käse und viele Grundnahrungsmittel. Alles bio, versteht sich. Hinter dem Gebäude wachsen saisonale Gemüse- und Salatsorten in Gewächshäusern und Freilandbeeten. Allen voran die Tomate, längst zum Markenzeichen des Hofes geworden, im Großformat weist sie an der Hofmauer den Weg. Die Hühner scharren hier im Sand und verstecken sich in Büschen, Hasen mümmeln an frischen Blättern, Ziegen suchen sich ein schattiges Plätzchen, und die Schafe grasen auf der Streuobstwiese. Eine Landidylle wie aus dem Bilderbuch. So wird der Einkauf zum Naturerlebnis. Das wissen auch die vielen Kindergärten und Schulen zu schätzen, die den Leyenhof immer wieder gerne bei Ausflügen besuchen.

TIPP *Zeit mitbringen und über die Streuobstwiesen durch den Wald spazieren.*

Der Bauernhof in Friesdorf ist ein Familienbetrieb mit vielen helfenden Händen. In der 3. Generation bewirtschaftet, blickt er auf eine lange landwirtschaftliche Geschichte zurück. Als Lehnhof gehörte er einst zur Siegburger Benediktinerabtei. Heute ist er ein moderner Bio-Betrieb. Freitag und Samstag öffnet das Bistro, ein umgebauter Imbisswagen. Die Kunden trinken Kaffee und genießen feine Bio-Gerichte mit Blick auf Beete und Wald. Daneben steht ein begehbarer Bücherschrank im Zirkuswagen-Look. Wer es nicht auf den Hof schafft, kann natürlich auch online shoppen oder eine der Bio-Kisten bestellen, von Single bis Familypack. Dann kommt das Bio-Glück ins Haus.

▶ **Der Leyenhof, Im Bachele 1b, 53175 Bonn (Friesdorf), Tel. Hofladen (02 28) 31 35 02**
www.derleyenhof.de
▶ **ÖPNV: Straßenbahn 61, 62, Haltestelle Quiriniusplatz, dann Bus 612, 614, Haltestelle Turmhaus**

Fürstlich Ja sagen

 31 *Hochzeiten im Alten Rathaus*

Bonns Altes Rathaus ist der Hingucker auf dem Marktplatz. Im Rokokostil mit goldenen Verzierungen und rosa Anstrich steht es stolz am Kopf des Platzes. Im ehemaligen Dienstzimmer des Oberbürgermeisters geben sich Liebende das Jawort unter den Augen von Kurfürst Clemens August. Dessen riesengroßes Porträt hängt über dem Marmorkamin und dem repräsentativen Schreibtisch, vor dem man während der Trauung sitzt und den Worten des Standesbeamten lauscht. Auf dem Fenstersims stehen Fotografien honoriger Staatsgäste und gekrönter Häupter, die dem Rathaus und der Stadt vor allem zu Zeiten der Bonner Republik die Ehre erwiesen. Charles de Gaulle, John F. Kennedy, Queen Elizabeth, Nelson Mandela – sie und viele andere sind schon einmal die opulente Freitreppe, die links und rechts zum Portal des Hauses führt, hinuntergeschritten, haben gewunken und sich fotografieren lassen. Freiheitskämpfer Gottfried Kinkel hielt 1848 an dieser Stelle seine revolutionäre Rede. Der erste Bundespräsident Theodor Heuss sprach nach seiner Wahl direkt zum Volk. Der Gang durch das Portal hinaus, über die Treppe steht auch jedem frisch vermählten Paar nach der Trauzeremonie bevor. Hier zu heiraten hat etwas Erhebendes, Beglückendes – ich schreibe aus Erfahrung. Der festliche und geschichtsreiche Rahmen lässt einen selbst würdevoller schreiten und strahlen. Generationen von Bonner Karnevalsprinzenpaaren können ebenfalls ein Lied davon singen. Und die Hochzeitspaare gehören für Einheimische und Touristen zu dem Platz dazu. Bonn hat, was die Heiratskultur betrifft, eine Vielzahl außergewöhnlicher Trauorte zu bieten: Godesburg, Villa Hammerschmidt, Beueler Heimatmuseum, Kommende Ramersdorf, ja sogar in einem Theater, auf dem Schiff oder dem Karnevalswagen des Prinzenpaars kann man offiziell die Ehe schließen. Das Alte Rathaus (erbaut 1737/38) ist dennoch mein persönlicher Favorit, verschnörkelt, würdevoll und mehr als eine repräsentative Kulisse. Es ist übrigens auch eines von 28 Motiven des schönen Bonn-Memo-Spiels, ein Crowdfunding-Projekt.

TIPP Wer nicht zum Heiraten oder als Gast reinkommt, kann das Rathaus am Tag der offenen Tür besichtigen.

○ **Altes Rathaus der Stadt Bonn, Markt 2, 53111 Bonn (Zentrum)**
www.altes-rathaus-bonn.de
○ **ÖPNV: Bus 550, 600–609, 640, Haltestelle Markt, Stadtbahn 16, 63, 66, 67, 68,**
Haltestelle Universität

Buntes Stadtleben

32 *Auf der Hofgartenwiese*

Der Hofgarten ist so etwas wie Bonns gute Stube, im Freien versteht sich. Ganz nah an Münster- und Marktplatz vor dem Kurfürstlichen Schloss gelegen, ist die große grüne Wiese mit den Alleen ein überaus beliebter Aufenthaltsort. Da das Schloss zugleich das Uni-Hauptgebäude ist, wimmelt es bei schönem Wetter nur so von Studenten, die lesen, dösen, gemeinsam für Klausuren lernen. Irgendwo wird immer Fußball gespielt oder Frisbee. Wer es schattiger mag, setzt sich auf eine Bank unter Bäumen. Dort ist auch einer der bestbesuchten Spielplätze der Stadt und Slackliner spannen ihre Bänder zum Balancieren. Eltern sitzen mit ihren Babys im Gras, sie packen Reiswaffeln und Trinkflaschen aus. Wer hier krabbeln oder laufen lernt, den begleiten Sonnenschein und ein Gefühl von Freiheit. Und es gibt keinen Ort, wo man im Herbst schöner durch Laubberge rascheln und den Duft von feuchtem Laub atmen kann.

Anfang des 18. Jahrhunderts ließ Kurfürst Joseph Clemens das prachtvolle Schloss neu errichten. Auch der Hofgarten und die angrenzende Poppelsdorfer Allee mit Freiblick zum Schloss Clemensruh auf der einen und dem Siebengebirge zur anderen Seite gehörten dazu. Bis heute ist er als Zentrum dieser Achsen erkennbar. Um 1740 wurde er nach französischem Vorbild umgestaltet, er war den Adligen vorbehalten, ein prachtvoller Feier- und Repräsentationspark. Erst hundert Jahre

TIPP Im Akademischen Kunstmuseum zu antiken Skulpturen aufschauen und Bonns ältesten Hörsaal besuchen.

später, zu Zeiten der Universitätsgründung, durfte die Öffentlichkeit die Alleen betreten – allerdings nicht die Wiese – und so manches Paar verliebte sich beim Flanieren. Mit Einrichtung des Gartenamts blühten die Parkanlagen auf und machten Bonn in der Gründerzeit zur grünen Gartenstadt. Nach 1945 wurde die Wiese fast zum Tennisplatz. Die Rolle der Bühne bei Staatsbesuchen und Festen blieb auch in bundesrepublikanischen Zeiten erhalten. Deutschlandweite Bekanntheit erlangte der Ort in den 80er-Jahren durch die größten Friedensdemonstrationen, die unser Land je erlebt hat. Hunderttausende kamen dabei zusammen.

⟳ **Hofgarten, 53111 Bonn (Zentrum)**
⟳ **ÖPNV: Stadtbahn 16, 63, 66, 67, Haltestelle Universität/Markt**

Zuhause ist Kult

 33 *Der Kessenicher Herbstmarkt*

Kessenich. Du.Wir. heißt der neue Slogan des besonders bei Familien beliebten Bonner Stadtteils, Nachfolger von „Kessenich ist Kult". Hier eine Wohnung oder ein Haus zu finden, gilt so oder so als großes Glück. Und wer es geschafft hat, zieht wenn irgend möglich nicht wieder weg. Etwa 13.000 Menschen leben in ihrem Dorf in der Stadt. Das Viertel, durch die Reuterstraße und -brücke von der Südstadt getrennt, hat die perfekte Lage – nah an der City, dem Wald, dem Venusberg und dem Rhein. Zudem hat es einen eigenen Ortskern und alles, was man braucht, darunter Geschäfte, Cafés und Restaurants. Das Ganze etwas beschaulicher und gechillter als im Zentrum. Hier kennt man sich und hat Zeit zum Klönen zwischen Einkauf und Friseurbesuch. Während, je nachdem wie der Wind steht, eine süße Brise vorbeiweht vom hier ansässigen Firmensitz der schon erwähnten Gummibärchen-Fabrik.

Einmal im Jahr, und zwar am letzten Wochenende im September, feiert sich der 1904 in Bonn eingegliederte Stadtteil selbst. Dann ist Kessenicher Herbstmarkt, die Burbacher Straße hoch und runter, in der Pützstraße und rund um die Nikolauskirche. Am Samstagabend geht

TIPP Im November geht ein wunderbarer Martinszug durchs Viertel, Feuer an der Kirche.

es los mit Bühnenprogramm, Bratwurst und Bier. Früh am Sonntagmorgen breiten die Kinder ihre Decken aus und verteilen darauf Bücher, Spielsachen und Klamotten, aus denen sie herausgewachsen sind. Die ersten Schnäppchenjäger treffen bald darauf ein, denn der Kessenicher Kinderflohmarkt ist stadtbekannt. Beim Herbstmarkt sind alle auf den Beinen und machen mit. Es gibt Essen und Trinken für jeden Geschmack, die Kneipen und Gasthäuser servieren draußen auf den Bürgersteigen, man findet Kreatives vom Selbstgenähten bis zur Marmelade, Friseure stylen auf der Straße, Kindergärten und Schulen sind dabei und die Feuerwehr präsentiert ihre Ausstattung. Auf der Bühne an der Kreuzung spielen Live-Bands. Auch Glücksräder haben an vielen Ständen Hochkonjunktur. Bis am Abend die Stadtreinigung kommt und Kessenich wieder in seinen gewohnten Flow findet. Bis zum nächsten Mal. „Nä, wor dat schön!"

Kessenicher Herbstmarkt, Pützstraße, Burbacher Straße, 53129 Bonn (Kessenich)
www.kessenicher-herbstmarkt.de, www.stadtmarketingkessenich.de
ÖPNV: Straßenbahn 61, 62, Bus 630, Haltestelle Pützstraße

Der Kunst aufs Dach steigen

 34 *Auf der Bundeskunsthalle*

Von Weitem sieht man die türkisfarbenen Lichtkegel auf dem Dach der Bundeskunsthalle. Längst sind sie zu einem Wahrzeichen der Museumsmeile insgesamt geworden, die tatsächlich auf etwa einer Meile Kunst und Kultur beherbergt. Ein Gang nach oben ist möglich und empfehlenswert. 70 Stufen führen vom Museumsplatz hinauf zum Glücksplateau. Barrierefrei lässt es sich auch von innen mit dem Lift erreichen. Auf dem Dach angekommen, kann man die überdimensionalen Türme aus der Nähe betrachten und anfassen. Ihre Struktur verdanken sie spanischen Majolika-Fliesen. Fünfte Fassade nannte Gustav Peichl, der Wiener Architekt des Museums, die Dachterrasse. Hier hat man nicht nur einen erhebenden Freiblick über das ehemalige Regierungsviertel sowie in Richtung Venusberg, sondern erhält erweiternde Einblicke zu den laufenden, hochkarätigen Kunstausstellungen in den Räumen darunter. Innen und außen, unten und oben bilden ein sich inspirierendes Gesamtwerk. Die bepflanzte Dachlandschaft vergrößert die Ausstellungsfläche um 8000 Quadratmeter und wird, entsprechend dem weiten Kulturverständnis des Museums, für Skulpturen- und Gartenausstellungen sowie für Events und als Aktionsfläche genutzt. So wurde bereits Max Liebermanns Garten vom Wannsee nachgeahmt. 2019 steht die Terrasse ganz im Zeichen von Goethes Universalgenie, der Gärten in Weimar angelegt hatte. Im Jahr davor stellte die Bundeskunsthalle das Thema Playground und die Spielplatzkultur mit attraktiven Spielstationen vor. Vom Dach wurde eine Riesenrutsche hinunter zum Vorplatz installiert, wo eine Halfpipe auf Sportliche wartete. Oben konnte man zu viert auf Riesenschaukeln durch die Luft schweben. Kinder bauten in einem Meer aus weißen Bausteinen Sehenswürdigkeiten aus aller Welt auf, von den Pyramiden bis zum Brandenburger Tor. Eine kleine Außengastronomie gibt es oben auch. Übrigens kann die außergewöhnliche Location für nicht öffentliche Veranstaltungen gemietet werden. In der Winterzeit bleibt der Dachgarten geschlossen.

TIPP Da die Gärten wachsen und blühen, lohnen sich Mehrfachbesuche. Freier Eintritt am Museumsmeilenfest.

○ Dachgarten der Kunst- und Ausstellungshalle der Bundesrepublik Deutschland, Friedrich-Ebert-Allee 4, 53113 Bonn, www.bundeskunsthalle.de
○ ÖPNV: Stadtbahn 16, 63, 66, Haltestelle Heussallee/Museumsmeile, Bus 610, 611, 630, DB, Haltestelle UN Campus Bahnhof

Flüssiges Gold

Nativus Oelmanufaktur Werkverkauf und Geschäft

Es gibt Orte, die prägen Menschen, und es gibt Menschen, die Orte zum Leben erwecken. Dazu gehört Yahya Oeruemcek. Die Geschichte des Bonner Selfmademan ist eng mit der seiner Oelmanufaktur verbunden. Als Jugendlicher jobbte er in jeder freien Minute in einem Feinkostladen sowie dem benachbarten Obst-Gemüse- sowie Essig- und Speiseölhandel. Als die Besitzer aufhörten, übergaben sie das Geschäft an den jungen Kollegen. 2005 übernahm er das einzigartige Ladenlokal Haus Zimmermann am Bonner Talweg. Im Erdgeschoss und auf der Veranda befindet sich seitdem sein Obst- und Gemüsegeschäft. In der ehemaligen Backstube im Keller begann er mit einem Partner mit der Produktion von nativen Speiseölen. In dem schönen Ladenlokal gibt es von dienstags bis samstags neben den Essig- und Ölspezialitäten auch einen typischen rheinischen Schnack über Gott und die Welt und viele Infos rund ums Öl. Der Speiseölproduzent kann so fachkundig und leidenschaftlich über seine nativen, kaltgepressten Öle erzählen, dass man sofort alle probieren und kaufen will. Nativ bedeutet, dass der Rohstoff unbehandelt verarbeitet wird. Wer mehr wissen und verkosten möchte, kann an einem der Gruppenseminare teilnehmen. Diese finden in den jüngst eingerichteten Räumen des Manufakturverkaufs im Stadtteil Kessenich statt. Dorthin zog das 5-köpfige Team um und erweiterte so die Produktion. Auch hier ist vieles haus- und handgemacht: Für den Werksverkauf baute der Chef selbst Präsentationsregale und eine ultralange Tafel für Events. In der Halle daneben werden 14 Sorten an Kernölspezialitäten gepresst, von Aprikose bis Walnuss, jeweils mit auf die Bedingungen perfekt abgestimmtem, eigens entwickelten Equipment. So läuft das frische Öl Tropfen für Tropfen in die Behälter. Allen voran das aufgrund seiner gesunden Eigenschaften beliebte Leinöl mit wertvollen Omega-3-Fettsäuren. Es wird tagesfrisch gepresst und abgefüllt. Alle Essig- und Ölsorten gibt es auch online, dann leider ohne die herzlich-rheinischen Gespräche.

TIPP Haushalt und Co. in Kessenich ist eine Wunder-Fundgrube, von der Nähnadel bis zum Kochtopf.

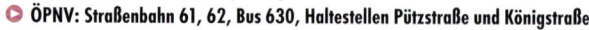

▶ Nativus Oelmanufaktur, Werkverkauf/Manufaktur: Hugo-Haelschner-Str. 16, 53129 Bonn (Kessenich), und Geschäft Haus Zimmermann, Heinrich-von-Kleist-Straße 39, Ecke Bonner Talweg 15, 53113 Bonn (Südstadt), Tel. (02 28) 2 27 06 60, www.hauszimmermann.de
▶ ÖPNV: Straßenbahn 61, 62, Bus 630, Haltestellen Pützstraße und Königstraße

Kleinkunst ganz groß

36 *Das Pantheon Theater*

Wer bei Pantheon an einen antiken Göttertempel oder das berühmte Bauwerk in Paris denkt, ist auf der falschen Fährte. Das Bonner Exemplar ist eine sogenannte Kleinkunstbühne. Auch diese Bezeichnung kann in die Irre führen. Was hier an Kabarett, Comedy, Musik und Co. geboten wird, ist vom Feinsten und tatsächlich reif für den Olymp der Branche. Zurück zu den Anfängen: 1987 gründete der Schauspieler, Regisseur, Kabarettist und heutige Geschäftsführer Rainer Pause den Theatertempel. 2016 begann eine neue Zeit mit mehr Plüsch und Glamour. Weil das Bonn-Center – übrigens vor den Augen unzähliger Bonner – abgerissen wurde, musste auch das Pantheon raus aus seinem kultigen, über die Jahre etwas abgewetzten 80er-Jahre-Keller. Die so einfachen wie legendären Oliventöpfchen und Käsewürfel zogen mit um in die Schauspielhalle Beuel und trafen dort auf neue Snacks, eine wahrhaft stylische Bar sowie einen größeren Theater- und Zuschauerraum im Fabrikambiente. Geblieben sind die Leidenschaft für gute Unterhaltung, Witz und flotte Wahrheiten und das heimelige Gefühl, nach Hause zu kommen. Das Who is who der deutschsprachigen Kabarettszene tritt hier auf. Auch Musik, Poetry-Slam, Varieté stehen regelmäßig auf dem Programm. Veranstaltungen wie die WDR-Vorleser und -Leselounge werden regelmäßig im Fernsehen und Radio übertragen, ebenso wie der einmal im Jahr ausgelobte, renommierte Prix Pantheon mit den originellen Kategorien Reif & Bekloppt, Frühreif & Verdorben, Beklatscht & Ausgebuht. Von November bis Februar rockt die kabarettistische Karnevalsrevue Pink Punk Pantheon das Haus, ein Kult-Event in den jecken Wochen, zu dem auch die Zuschauer kostümiert kommen. Moderiert wird sie von den „Vereinsvorsitzenden" Fritz und Hermann alias Rainer Pause und Norbert Alich. Und dann gibt es da noch etwas versteckt hinter dem Zuschauerraum eine abgetrennte Retro-Lounge im Stil eines Edgar-Wallace-Nachtclubs. Hier feiert sich die kleine Kunst in schummrig-gemütlicher Atmosphäre mit Sesseln, Teppichen und Stehlampen.

▶ Pantheon Theater, Siegburger Straße 42, 53229 Bonn (Beuel), Tel. (02 28) 21 25 2
www.pantheon.de
▶ ÖPNV: Bus 603, 608, 609, Haltestelle Pantheon Beuel

Im Flow am Fluss

37   *Joggen, Skaten, Radfahren an der Rheinpromenade*

Bei den ersten Sonnenstrahlen zieht es alle hinaus an den Rhein. Auf beiden Seiten des Ufers wird flaniert, gejoggt, geradelt und geskatet. Das ganze Bonner Stadtgebiet entlang, links- ebenso wie rechtsrheinisch. Auch wenn der viel bedichtete und besungene Fluss bei diversen Glücksorten eine Rolle spielt, steht er an dieser Stelle besonders im Fokus. Schließlich hat der Rhein am Bonner Glück einen entscheidenden Anteil: Er ist der wesentliche Grund, warum die Menschen hier siedelten.

Es riecht nach Frühling, nach Sommer, nach goldenem Herbst, ein ewiger Fluss. Von der Schweiz bis in die Nordsee. Der Rhein ist Bonns Lebensader, an der man auftankt und Kraft schöpft. Morgens ist die Sonne am schönsten auf der linken Seite zwischen Graurheindorf und Mehlem, entlang der wegweisenden Platanenreihen. Dazwischen warten auf einer Strecke von etwa 15 Flusskilometern Bänke, Biergärten und Lokale sowie Schifffahrt- und Fähranleger. Wer bei der Bonner Oper startet, kommt an der Kennedy-Brücke vorbei, am Alten Zoll, wo einst mobile Badeanstalten auf dem Fluss schwammen. An historischen Villen,

TIPP *An der Promenade ist auf 5,946 km das Sonnensystem im Maßstab eins zu einer Milliarde abgebildet.*

dem ehemaligen Regierungsviertel und dem Langen Eugen, so nennen die Bonner das frühere Abgeordnetenhaus, das lange Zeit das höchste Gebäude der Stadt war und mittlerweile vom Posttower getoppt wird. Ein Abstecher durch den Rheinauenpark ist ein Erlebnis. Hinter der Südbrücke beginnt die Bad Godesberger Promenade mit Ausflugsgastronomie und malerischem Ausblick auf den Petersberg, das weiße Gästehaus sowie das ganze Siebengebirgspanorama. Wer es bis zum Bahnhof Rolandseck schafft, kann mit der Fähre nach Bad Honnef übersetzen und dort eine Runde auf der Insel Grafenwerth drehen. Grandiose Sonnenuntergänge mit Blick auf die Bonner Skyline kann man auf der Beueler Seite genießen, wo man dem Ufer noch näher ist.

Einziger Nachteil: Die Idee mit dem Rhein haben sehr viele. Und da die Deutschen bekanntlich das Volk der Sonntagsspaziergänger sind, sollte man vor allem am Wochenende achtsam gehen, radeln und stehen bleiben.

Rheinpromenade von Graurheindorf bis Bonn-Mehlem sowie Beuel bis Oberkassel, an beliebiger Stelle starten.

Markt der schönen Dinge

38 Kreativabteilung bei Knauber

Es gibt Orte, die lassen an einem Sommertag die Sonne heller scheinen. Andere machen einen Regentag warm und kuschelig. Der Kreativmarkt Knauber in Endenich gehört glücklicherweise zu beiden Kategorien. Bei gutem Wetter zieht es die Kunden direkt nach draußen, um die passenden Blumen, Sträucher und Kräuter für den heimischen Balkon oder Garten zu finden. An grauen Tagen landet man schnurstracks in der umfangreichen Kreativabteilung. Direkt hinterm Haupteingang eröffnet sich die ganze Palette an Inspiration: Papiere, Schreibwaren, Perlen, Kästchen, Farben, Glitzer, Kleber, Wolle, Stoffe, Styropor, Bänder, Deko und, und, und. Früher prägten die Bonner den Spruch „Was es bei Knauber nicht gibt, braucht man nicht", erzählt Filialleiter Matthias Schleiff augenzwinkernd. Aktuell sind das 180.000 Artikel zum Wohlfühlen, Aufblühen, Selbermachen. Und warum braucht man das alles? „Cocooning" heißt das aktuelle Marketing-Trendwort, das auch bei Knauber hoch im Kurs steht. Mit diesen kleinen und großen Sachen lässt es sich nun mal herrlich und fraulich zu Hause einigeln und bei sich sein. Es sei denn, man bleibt so lange es geht in diesem Markt der schönen Dinge. Die belgischen Waffeln an der Cafébar zwischen Bastelutensilien und Küchenaccessoires sind zur Stärkung übrigens sehr zu empfehlen. Daneben finden auch viele Workshops für Kinder und Erwachsene statt – Nähcafé, Malcafé, Kindergeburtstage, Kreativwerkstatt, Kochen mit Kids. Knauber bietet vieles für die ganze Familie, eine große Spielwarenabteilung sowie saisonale Flächen an Weihnachten, Karneval und für den Sommer im Garten.

2018 feierte das Bonner Stammhaus des etwas anderen Baumarkts an diesem Standort seinen 50. Geburtstag. In der Region gibt es noch fünf weitere Filialen. Das Familienunternehmen wird in der 4. Generation geführt und geht zurück auf den 1880 von Anna und Michael Knauber gegründeten Kolonialwarenladen in Bonn-Endenich mit Haushaltswaren, Futtermitteln, Brennstoffen. 1901 übernahmen die Söhne Karl und Josef das Geschäft.

TIPP Vorm Haupteingang lockt die stadtbekannte Feinkostmeile mit Spezialitäten.

○ Knauber Freizeitmarkt, Endenicher Straße 120–140, 53115 Bonn (Endenich),
Tel. (02 28) 51 22 70, www.knauber-freizeit.de
○ ÖPNV: Bus 608, 609, 610, 611, Haltestelle Verdistraße

Puppenstube & Kaufladen XXL

39 *Eingerichtete Räume im Stadtmuseum*

Wer Geschichte am liebsten ganz anschaulich und anhand schöner Dinge dargestellt mag, muss ins Stadtmuseum! Das von außen unscheinbare Reihenhaus im Stadtzentrum, hinter dem alten Rathaus, hat es nicht leicht gegen die Bonner Museen von internationalem Rang. Zu Unrecht. Ein Besuch im Stadtmuseum macht in jedem Alter glücklich. Herzstück sind die historisch eingerichteten Räume, die das Leben im 19. Jahrhundert darstellen. Als Besucher fühlt man sich wie in einem Kostümfilm à la Downton Abbey oder einer überdimensionierten Puppenstube samt Kaufmannsladen.

Mit der Gründung der Bonner Universität 1818 und der Entwicklung des Rheintourismus begann in Bonn eine Zeit des Wachstums und Wohlstands, wie diese Räume eindrucksvoll belegen. Da sind zunächst der großbürgerliche Salon und das Esszimmer der Unternehmerfamilie Tenten mit Kaminecke und gedeckter Tafel, die auf Gäste und Bedienstete warten. Der nächste Raum dokumentiert den Übergang von der Porträtmalerei zum Fotoatelier und von der Maßschneiderei zum Modesalon mit Konfektionsware. Das Inventar stammt aus einem Bonner Geschäft. Damals setzte man auf gemütliche Atmosphäre mit Sessel, Sofa und Bildern an der Wand. Lebensgroße Puppen zeigen entsprechende Originalkleider aus der Zeit.

TIPP *Danach stilgerecht einkehren im Miebachs, dem Jugendstilrestaurant mit Hotel am Marktplatz.*

Die Ausstattung des angrenzenden Kolonialwarenladens kommt aus der Sternenburgstraße 66 im Stadtteil Poppelsdorf. Der beliebte Laden handelte dort knapp 100 Jahre, von 1893 bis 1988, mit Lebensmitteln und Haushaltswaren. Emailledosen und Schilder bewerben Artikel made in Bonn: Kaffee aus den Bonner Röstereien Zuntz und Inhoffen, Dampf-Kaffee der Brennerei Bonna, Traumaplast-Wundpflaster und das Pucki-Webekästchen. In der Gründerzeit boomte auch das Friseurgeschäft, wie das ausgestellte Ladenlokal mit dekorativem Jugendstilspiegel zeigt. Die Brennscheren, Ondulier- und Locheisen, mit denen man einst den feinen Damen die Locken legte, sind hier ebenso zu bestaunen wie eine für die Zeit moderne Trockenhaube.

⊙ Stadtmuseum, Franziskanerstraße 9, 53113 Bonn (Zentrum)
www.bonn.de
⊙ ÖPNV: Bus 550, 600–609, 640, Haltestelle Markt, Stadtbahn 16, 63, 66, 67, 68, Haltestelle Universität/Markt

Wunderschön schwimmen

 Im Panoramabad Rüngsdorf

Früh am Morgen glänzt das Wasser wie ein glatter Spiegel in der Sonne. Langstreckenschwimmer ziehen ihre Bahnen, ein paar Möwen sind zu hören. Sonst ist es still im Rüngsdorfer Freibad, erst mittags hält das typische Freibadleben Einzug. Die Besucher lachen, rufen, springen dann ins Wasser, lesen, schlecken Eis, machen Sport oder dösen in der Sonne. Ein Tag im Schwimmbad kann wie ein Kurzurlaub sein, es ist ein echter Sehnsuchtsort zum Abschalten und Auftanken. Für Wasserratten jeden Alters. Die Welt draußen lassen und Spaß haben. Wenn nicht hier, wo dann? Nicht umsonst heißt das Freibad Panoramabad und gehört zweifellos zu den schönsten Deutschlands. Das „Rüngsi, wie die Bonner es liebevoll nennen, liegt direkt am Rhein. Von der Wiese und aus dem Wasser hat man einen grandiosen Ausblick auf das Siebengebirge. Den besten natürlich von der Plattform des 10-Meter-Sprungturms. Wer sich nicht so hoch hinauftraut, kann auch von 1, 3 oder aus 5 Metern ins kühle Nass springen. Und unter den alten Platanen lässt es sich herrlich liegen und genießen. Den ganzen Sommer lang.

TIPP Biergarten im Schaumburger Hof besuchen, wo Queen Victoria ihren Prinzen kennenlernte.

1930 erbaut, ist das Schwimmbad im Stadtteil Bad Godesberg das älteste Bonns. Zuvor gab es mobile Badeanstalten am Fluss, eine sogar ganz in der Nähe. Schon oft war es Austragungsort von nationalen und internationalen Wettkämpfen, 1993 wurde es modernisiert. Neben dem Sprung- und Sportbecken ist der Bereich mit Strömungskanal, Whirlpools und einer 28 Meter langen Rutsche die Attraktion im Rüngsi. Die Kleinen haben im Planschbecken dank Kinderrutschbahn, Wasserpilz und Wasserigel ihren Spaß. Sport machen kann man auch außerhalb des Wassers, zum Beispiel auf dem Volleyballplatz oder den Outdoor-Fitnessgeräten. Zur Stärkung gibt es zwei Kioske. Ein Glück, denn nirgends schmecken die Pommes so gut wie im Schwimmbad mit tropfenden Haaren und Frotteehandtuch um die Schultern. Bleibt festzuhalten: Im Rhein sollte man aufgrund der Strömung und Strudel keinesfalls baden gehen, neben dem Rhein im Rüngsi abzutauchen ist immer wieder herzerfrischend.

> Panoramabad Rüngsdorf, Am Schwimmbad 8, 53179 Bonn (Bad Godesberg) Tel. (02 28) 33 13 24
> www.foerderverein-panoramabad.de
> ÖPNV: Bus 613, 615, Haltestelle Gutenbergallee, Stadtbahn 16, 63, 67, Haltestelle Bad Godesberg Bahnhof

Herz der Bonner Republik

41 Der Kanzlerbungalow

Warum muss der Kanzlerbungalow ins Buch? Vielleicht weil er zeigt, wie nah die Politiker in Bonn an den Bürgern waren. Trotz der Wachposten und der Pförtnerhäuschen. Dass sie mittendrin lebten und arbeiteten, schlicht, gewissenhaft, schnörkellos, wie die privaten Räume belegen. Vielleicht beweist er auch, dass die Begegnungen, der Austausch, gerade in Zeiten des Kalten Krieges, wichtiger waren als ein prunkvoller Rahmen. Viele Regierungschefs, die in Bonn zu Gast waren, schienen überrascht ob der nüchternen Bescheidenheit, die das Gebäude ausstrahlt.

Die Villa Hammerschmidt und das Palais Schaumburg, schon ihre Namen klingen wesentlich schmucker und die Gebäude sind es auch, hätten ebenfalls eine Seite verdient und sind auch einen Besuch wert. Immer noch zweite Regierungssitze für Bundespräsident und Kanzler(-in), können sie zum Beispiel besichtigt werden, wenn im Sommer das „alte" Regierungsviertel zum Tag der offenen Tür lädt. Der Kanzlerbungalow ebenso. Er wurde 1964 im Park der Villa gebaut, der bis zum Rhein hinunterführt, und steht inmitten von Bäumen. Ein Herzstück und Symbol der Bonner Republik. Hier wurde Politik gemacht, im Arbeitszimmer, bei Abenddiners, privaten Treffen im Wohnzimmer und Kamingesprächen hinter hoch- und runterfahrbaren Wänden. Unter einem Sternenmeer aus Lichtern an der Decke.

TIPP Führungen rechtzeitig über den Besucherdienst des Hauses der Geschichte buchen, Ausweis mitbringen.

1964 ließ Kanzler Erhard den aus zwei Atriumgebäuden mit Flachdach und Minipool bestehenden Komplex von Architekt Sep Ruf bauen und im amerikanischen Stil einrichten. Jede Menge Glas und Stahl sollten transparent und weltoffen wirken. Ihm folgten Kiesinger und Schmidt, dazwischen Willy Brandt, der mit Familie am Venusberg wohnen blieb. Am längsten war Helmut Kohl im Bungalow zu Hause. Auf der Terrasse sprach er, so heißt es, im Juni 1989 nach einem Abendessen mit Michail Gorbatschow erstmals über die deutsche Einheit, die damals unerreichbar schien. Und beim Spaziergang hinunter zum Rhein, bei dem nur die Dolmetscher dabei waren, soll er gesagt haben, dass Geschichte zum Ziel hinfließe wie der Rhein in die Nordsee.

▶ **Kanzlerbungalow, Park der Villa Hammerschmidt, 53113 Bonn (Gronau)**
www.hdg.de
▶ **ÖPNV: Stadtbahn 16, 63, 66, 67, 68, Haltestelle Museum König oder Heussallee/Museumsmeile**

So schmeckt Bönnsch

 Im Brauhaus Bönnsch

Die Kölner werben damit, dass ihr Kölsch die einzige Sprache ist, die man trinken kann. Stimmt nicht ganz. Da kann das Bönnsch locker mithalten. Wie der lokale rheinische Dialekt, so heißt auch das im gleichnamigen Brauhaus in Bonn gebraute Bier. Bönnsch ist im eigentlichen Wortsinn ein Adjektiv, das für alles Bonntypische steht, das Bönnsche eben. Sogar Beethoven soll zeitlebens der melodische Slang seiner Heimatstadt erhalten geblieben sein. Selbst im feinen Salzburg.

Das Brauhaus Bönnsch, seit über 35 Jahren im Zentrum gelegen, ist ein original rheinisches Gasthaus: urig, einfach, herzlich. An Holztischen kann man bei schummrigem Licht gutbürgerlich essen. Selbstverständlich stehen auch die rheinischen Leibgerichte wie Halve Hahn (in Wahrheit ein Käsebrötchen) und Himmel un Äd (hinter diesem poetischen Namen verbirgt sich gebackene Blutwurst mit Püree und Apfelkompott) auf der Karte. Und dann gibt es noch eine einzigartige Besonderheit, die hat nur das Bönnsch: Das ist das selbst gebraute Bier, obergärig und ungefiltert. Es kommt in den Varianten natürlich, hefetrüb, als Weizen und Saisonbier auf die Tische und wird schnell getrunken.

TIPP *Einige Supermärkte verkaufen das Bier. Im Shop des Beethovenhauses gibt es die Gläser mit LvB.*

Dass man schon vor dem ersten Schluck schief sieht, ist kein Grund zur Sorge, denn Bönnsch wird im gebogenen Glas mit Fingerkerben serviert. Darum stricken sich diverse Legenden, sogar eine wissenschaftliche Abhandlung wurde über das schwungvolle Bierglas geschrieben. Nachzulesen auf der Webseite. Letztendlich passt es perfekt in das jecke Brauhaus, das in der fünften Jahreszeit eine Karnevalsparty nach der anderen schmeißt. Und der Rhein fließt ja auch nicht stur geradeaus. Wer sich dafür interessiert, was er da eigentlich genau trinkt und wie das Bönnsch hergestellt wird, kann sich mit einer Gruppe zur Brauhausführung anmelden. Bleibt festzuhalten: Den Dialekt können und praktizieren leider immer weniger Leute, aber bei einem kühlen Bönnsch geht einem et Herz op (das Herz auf). Glücksort eben.

🔵 **Brauhaus Bönnsch, Sterntorbrücke 4, 53111 Bonn (Zentrum), Tel. (02 28) 65 06 10**
www.boennsch.de
🔵 **ÖPNV: Bus 602, 604, 605, Straßenbahn 61, 62, Stadtbahn 66, 67,**
Haltestelle Stadthaus, wenige Minuten Fußweg

Stadtoase mit Galerie

 43 *Das Baumschulwäldchen im Musikerviertel*

Das Baumschulwäldchen in der Weststadt ist ein Stadtpark im Kleinformat. Auf den Wegen radeln Kinder zu Kita und Schule. Eltern kreisen mit Kinderwagen auf einer schnellen Einschlafrunde. Hundebesitzer treffen Bekannte beim Gassigehen mit ihren Vierbeinern. Vorne rauscht der Berufsverkehr über den Wittelsbacherring. Auf der Rückseite setzen mehrstöckige Gründerzeithäuser der Schnelllebigkeit unserer Zeit ihre Standfestigkeit und Ruhe entgegen. Dazwischen stehen Bäume, die, wenn sie Geschichten erzählen könnten, gar nicht mehr aufhören würden. Allen voran die 120 Jahre alte Esskastanie.

Als sei das nicht schon genug, hat das Baumschulwäldchen noch ein Kleinod zu bieten: das Kurfürstliche Gärtnerhaus. Beide, Park und Barockhaus, stehen unter Denkmalschutz. Sie sind Teil eines Ensembles, das Kurfürst Joseph Clemens von Bayern Mitte des 18. Jahrhunderts weitläufig vom Poppelsdorfer Schloss anlegen ließ, damals inmitten von Feldern, außerhalb der Stadtmauern. Der letzte Kölner Kurfürst, Maximilian Franz von Österreich, ließ das Gärtnerhaus als „Lusthäuschen" erbauen. Heute beherbergt es eine kleine, feine Galerie mit Wechselausstellungen regionaler Künstler. Von dem ursprünglich rund 2 Hektar umfassenden Park mit Reitanlagen, Turnplatz und Scheibenschießstand ist nur noch ein Teil erhalten.

Die besondere Atmosphäre des Parks im Musikerviertel mit seinen zahlreichen nach Komponisten benannten Straßen blieb auch nach der jüngsten Umgestaltung erhalten. Die Anlage wurde im Sommer 2018 neu eröffnet. Zentrum des Wäldchens ist seitdem ein schöner zweigeteilter Spielplatz, der dank eines großen Klettergerüsts aus Holz, Balancierpfeilern, einer Schaukel und jeder Menge Sand ein neuer Hotspot für Familien ist. An den Wegen stehen jetzt bequeme Bänke und in der Mitte auf einer freien Wiese zwei geschwungene Holzliegen, die zum Entspannen einladen. Wer eine ergattert, hat Glück und bleibt einfach liegen, so lange es geht, und hört den Kastanien zu.

▶ Baumschulwäldchen und Kurfürstliches Gärtnerhaus, Wittelsbacherring, 53111 Bonn (Weststadt),
http://www.kuenstlerforum-bonn.de/as_kuefuerstliche_gaertnerhaus.html
▶ ÖPNV: Bus 604–607, Haltestelle Bachstraße, Stadtbahn 16, 18, 63, 66, 67, 68,
Haltestelle Hauptbahnhof, 7 Minuten Fußweg

Fühl dich schön

44 *CaroLines Boutique und Styling-Villa*

„Willkommen, bienvenue, welcome" steht auf den Treppenstufen zur roten Glückstür. Diese führt in die Welt der Bad Godesbergerin Caroline Florett. Nach dem Studium baute die Diplom-Designerin das ehemalige Haus der Großeltern zum Atelier mit Laden um. 2005 startete sie zunächst mit bequemer, stilvoller Mode für Schwangere. Seitdem hat sich vieles weiterentwickelt. Caroline ist als Modeexpertin für ZDF und RTL unterwegs, gemeinsam mit ihrem Team kreiert und verkauft sie Lieblingsmode nach Maß und ihr freistehendes Haus mit Garten ist zur Mode-, Styling- und Event-Villa geworden. Im Shop kann man exklusiv stöbern, anprobieren und einkaufen. Dort gibt es neben ausgewählten Kleidungsstücken und Accessoires auch die Magic-Mix-Kollektion aus eigener Produktion. Cardigans, Kleider, Tops, die man auf vielfache Weise tragen kann. „Das gibt diesen Stücken noch mehr Wert", ist der Designerin wichtig. Auf jeden Fall spart es auch Platz in Schrank und Koffer. Zwischen Kleidern, Stoffen, Ohrringen sind überall kleine Textbotschaften versteckt. „You are beautiful" liest man auf einem Bild in der Umkleide und fühlt sich auch so. Fixe Öffnungszeiten gibt es nicht. Die Kunden, vor allem Frauen, rufen kurz an, geben oft schon ihre Wünsche durch – Größe, Farbe, Anlass –, dann liegt zum Termin vieles bereit. Das große Büro mit edler Couch-Kaminecke wird für Fashion- und Style-up-Partys herausgeputzt und kann samt Terrasse und Garten für private Feiern und Firmenevents gemietet werden.

TIPP Spaziergang im malerischen Redoutenpark, wo sich 1792 Beethoven und Haydn trafen.

„Mode und Style sind nicht existenziell, aber sie können den inneren Diamanten eines Menschen zum Strahlen bringen und das wiederum kann vieles positiv verändern im Leben." Das erlebt Caroline Florett bei ihrer neuesten Leidenschaft, dem Magic Makeover. Ein Styling von Kopf bis Fuß für Frauen und Männer, bei dem sie eng mit Friseuren, Kosmetikstudios, Optikern kooperiert. Für den besten Auftritt ihrer Kunden schafft sie gerne eine stilvolle Wohlfühlatmosphäre, sogar das Wasser heißt hier „Happy Water".

● CaroLines Shop und Villa, Theodor-Heuss-Straße 11, 53177 Bonn (Bad Godesberg), Tel. (02 28) 1 84 56 47, www.carolinesfashion.com
● ÖPNV: Bus 610, 611, 612, 614, 638, Stadtbahn 16, 63, 67, Haltestelle Stadthalle

Die Prinzessin lebe hoch

 Das Heimatmuseum in Beuel

Analog zu dem Song „Tausendmal berührt", ließe sich hier singen „tausendmal vorbeigegangen". Dabei sollte man unbedingt hineingehen und etwas Zeit mitbringen. Das Beueler Heimatmuseum, ein Gebäudekomplex mit lauschigem Innenhof, den man von der Hermannstraße aus betritt, ist ein Museum für die ganze Familie, vor allem: nicht nur für Beueler! Der Heimat- und Geschichtsverein hat dieses Museum der Lebenskultur unserer Vorfahren aufgebaut und betreut es seit 1986 engagiert, dank ehrenamtlicher Helfer.

Im Fachwerkhaus, dem ältesten Haus des Stadtteils, kann man in allen Räumen nachempfinden, wie das Leben früher war, wie die Menschen gekocht und geschlafen haben. Eine Frisierstube ist nebst Originalequipment ausgestellt, ebenso wie ein Klassenzimmer mit Pult und Griffelkästen. Alles ist kleiner, enger, dunkler, bescheidener als heute. In der Spielzeugecke kann man so manchen Schatz entdecken. Kinder lieben vor allem den Ziegenstall mit präparierten Tieren sowie die Schusterei samt allerlei Werkzeug. Beim Rundgang um die Häuser entdeckt man einen Bauerngarten, in dem Sträucher, Heilkräuter und Blumen wachsen, angelegt wie anno dazumal. Ein Höhepunkt ist die Scheune, die die Geschichte der Beueler Wäscheprinzessin erzählt. Auf der rechten Bonner Rheinseite schufteten die Wäscherinnen und prägten den viel zitierten Beueler Duft. 1824 am Donnerstag in der Karnevalszeit, als alle Männer traditionell zur Wäscheauslieferung nach Köln fuhren und dort ausgiebig feierten, hatten sie die Nase voll. Sie feierten ihr eigenes Fest. Seit 1958 stürmen die Bonnerinnen deshalb jedes Jahr an Weiberfastnacht das Beueler Rathaus und krönen ihre Wäscheprinzessin. Im Obergeschoss befinden sich große, wirklich sehenswerte Modelle der Schifffahrtsgeschichte sowie eine detailgetreue Nachbildung der prächtigen Alten Rheinbrücke. Unter Türmen und Torbögen führte sie Fußgänger, Fuhrwerke und eine Straßenbahn über den Rhein. Nicht auszudenken, wie viele Touristen sie nach Bonn locken würde, wenn sie noch stünde.

TIPP Am Tag des offenen Denkmals und an Aktionstagen gibt es Mitmachevents, Kaffee und Kuchen im Hof.

❿ Heimatmuseum Beuel, Heimat- und Geschichtsverein Beuel am Rhein e.V., Wagnergasse 2–4, 53225 Bonn (Beuel), www.hgv-beuel.de
❿ ÖPNV: Bus 606, 632, 636 Haltestelle Beuel Krankenhaus, Straßenbahn 62, 65, Stadtbahn 66, 67, Haltestelle Konrad-Adenauer-Platz, ca. 5 Minuten Fußweg

Erlebnis Oper!

 46 *Mit der VHS in der Generalprobe der Oper*

Oper hat etwas Erhabenes und Feierliches. Das hat schon Pretty Woman in La Traviata erlebt. Die Mischung aus Gesang, Handlung und Bühnenbild ist bis ins kleinste Detail abgestimmt und strebt nach dem vollkommenen Augenblick. Dieses Gefühl überträgt sich auf die Zuschauer. Man spürt das Ringen, die Leidenschaft und die Allgemeingültigkeit einer Story, die vor Jahrzehnten oder gar Jahrhunderten geschrieben wurde. Hinzu kommt die universelle Kraft der Musik, die es möglich macht, dass wir heute noch tief berührt werden. Bonn traut sich was, engagiert Regisseure und Musiker von Weltrang und inszeniert immer wieder unbekannte Stücke. Um Menschen die Oper nahe und näher zu bringen, hat sich die Volkshochschule ein besonderes Veranstaltungsformat ausgedacht – sozusagen Oper exklusiv. Bei „Treffpunkt: Oper!" führt eine Dozentin zunächst in die Handlung, Akte und Szenen ein. Im modernen Haus der Bildung in der Innenstadt stellt sie den Komponisten, sein Leben und Werk vor, erklärt die historischen Hintergründe des Stücks und Schlüsselpassagen. Zentrale musikalische Motive werden vorab vom Band präsentiert. Die Teilnehmer erkennen sie wieder,

TIPP In der Schlosskirche an der Uni erhielt der junge Beethoven Unterricht und war Hoforganist.

wenn sie kurz darauf im großen Opernhaus sitzen und der Dirigent seine Musiker wie ein Kapitän durch die Stürme des Stücks lotst. Häufig gibt es Begegnungen mit Überraschungsgästen, Künstlern, Musikern, die an der Inszenierung mitwirken. In der Pause tauscht man Eindrücke aus, die Dozentin beantwortet Fragen. So wird die Oper zum Gemeinschaftserlebnis.

Bei Generalproben herrscht per se eine besondere Atmosphäre: Das große Ganze soll sitzen, Feinheiten können noch justiert werden, viele an einer Vorstellung Beteiligte sind erstmals gemeinsam auf der Bühne oder im Orchestergraben. Daran teilhaben zu können, macht die Oper verständlicher, realistischer, menschlicher. Das Streben nach der besten Inszenierung eint. Und die kann man sich ja an einem anderen Tag noch einmal anschauen und mit einem Glas Sekt in der Hand den herrlichen Rheinblick von der Terrasse genießen.

 Volkshochschule der Bundesstadt Bonn, im Haus der Bildung, Mülheimer Platz 1, 53111 Bonn (Zentrum), Tel. (02 28) 77 33 55, www.vhs-bonn.de
 ÖPNV: diverse Bus- und Bahnlinien, Haltestelle Hauptbahnhof, wenige Minuten Fußweg

Auf den Spuren des Dichters

 47 *Der Garten des Ernst-Moritz-Arndt-Hauses*

Direkt an der stark befahrenen Adenauerallee, ehemals Koblenzer Straße, liegen Park und Domizil von Ernst Moritz Arndt. 1818 kam der Dichter und Publizist als Professor für Neuere Geschichte an die gerade gegründete Friedrich-Wilhelms-Universität. Sofort erwarb er zwei Weinberge am Rhein, in deren Mitte er schon ein Jahr später ein Haus im klassizistischen Stil bauen ließ und Lülo nannte, nach einem Waldstück aus seiner Kindheit. Von seinem neuen Domizil hatte er Freiblick auf das Siebengebirge und die Godesburg, was der auf Rügen geborene Naturliebhaber sehr schätzte und ihn in Briefen vom Licht schwärmen ließ. Als er mit Frau und Söhnen einzog, konnte er nicht ahnen, dass diese Zeit erst der Beginn einer großen Bonner Bauwelle war und die Welt ihn und sein Idyll einholen würde.

Dass dies ein wundersamer Ort der Ruhe gewesen sein muss, spürt man jedoch noch heute beim Eintreten in den kleinen Park vor dem rosa Haus mit den grünen Läden. Es tut gut, durch die angelegten Pfade, vorbei an den Rosenbeeten zu spazieren und auf einer der Bänke durchzuatmen. Hier kann man sich vorstellen, wie die Kutschen vorüberrattern, Studenten in langen Kutten vorbeieilen, motiviert und aufgeregt zugleich. Vielleicht auch wie der Dichter, bereit zum täglichen Bad im nahen Rhein, aus dem Hinterausgang tritt. Diesem Ritual soll er bis ins hohe Alter treu geblieben sein, jedem Wetter zum Trotz. Besonders schön ist dieser Ort im Frühling. Ob das an den Blumen und Bäumen, der zarten Farbe des Gebäudes oder an der Aufbruchsstimmung liegt, die den Publizisten und seine Zeit umgibt, sei dahingestellt.

TIPP — Unbedingt die Straße neben dem Haus zum Rhein runtergehen.

Inzwischen wird die älteste Rheinvilla der Stadt als Dependance des Stadtmuseums für Konzerte, Vorträge und Sonderausstellungen genutzt und kann auch angemietet werden. „Gottes Fried und Freud zieht mit uns ein, dann wird das Glück der Pförtner sein", hat der Lyriker und Historiker über den Eingang schreiben lassen. Was für ein schöner Wunsch!

▸ **Ernst-Moritz-Arndt-Haus, (gehört zum Stadtmuseum Bonn), Adenauerallee 79, 53113 Bonn (Südstadt)**
▸ **ÖPNV: Stadtbahn 16, 63, 66, 67, 68, Haltestelle Juridicum**

Das schöne Bistro am Eck

48 *Café extro in der Südstadt*

Für meine Freundin Svenja und mich rangiert das extro ganz vorne unter den Bonner Glücksorten. Wenn gar nichts mehr geht, geht meistens noch das extro. Und jetzt sitzen wir mal wieder hier – für dieses Buch – und schauen uns um, um genau zu ergründen, warum das eigentlich so ist. Ja, es ist schön in dem Café im Gründerzeithaus: Durch die Panoramafenster kann man das Leben im Viertel beobachten. Die Gäste sitzen an einfachen schwarzen Holztischen, auf Polsterbänken, Bistrostühlen oder an bunte Kissen gelehnt am Fenster. Jeden Tag gibt es hausgemachte Kuchen und Torten in der Glasvitrine, und am Abend tauchen Jugendstillampen und Riesenkerzenleuchter die Innenräume und das Gartenlokal in ein warmes, heimeliges Licht.

Hier schwänzt man die Vorlesung der nahen Uni, klönt mit der Freundin, tauscht sich mit Kollegen aus. Auch wer alleine eine Pause macht, liest, schreibt oder einfach nur, mit einem Milchkaffee vor sich, ins Grün der Baumkronen guckt, fühlt sich nicht einsam. Das extro ist wie ein großes Wohnzimmer mit Vorplatz. Ein geschützter Raum zum Innehalten, mit-

TIPP Den Cafébesuch mit einem Spaziergang durch die Südstadt verbinden.

ten in der quirligen Bonner Südstadt an einer Alleenkreuzung. Gleich dahinter rauscht die Bahn vorbei. Es gibt leckere Frühstücksvarianten sowie Pasta, Folienkartoffeln und Indisches. Svenja bestellt das Babri Lamm und den Salat mit der Sauce separat und ich das Chicken Walnuss. Noch zwei Merlot, bitte. Alles vertraut, wie immer. Dann lehnen wir uns zurück. Was ist es nun, dass das extro so besonders macht? Das Design, das uns gefällt, das Essen, das uns schmeckt, die Schwarzweiß-Fliesen auf dem Boden, die schönen Erinnerungen an Treffen, die wir teilen?

Dann haben wir die Glücksformel: Wer neu in Bonn ist, an einem sonnigen Morgen vorbeikommt und hinüberschaut zu dem Café zwischen Altbauten und Bäumen, der denkt: „Dort möchte ich mal sitzen." Und wer schön länger in Bonn lebt, gerade in der Nähe einen Termin hat oder nach Hause eilt, weiß: „Hier muss ich bald mal wieder sitzen." So ist das nun mal mit der Portion extro-Sehnsucht.

Café extro, Lessingstraße 50, 53113 Bonn (Südstadt), Tel. (02 28) 2 42 65 04
www.cafe-extro.com
ÖPNV: Bus 610, 611, Haltestelle Arndtstraße, Straßenbahn 61, 62, Haltestelle Rittershausstraße

Tango, Tango die halbe Nacht

 Ein Sommerabend am Beueler Rheinufer

Die Sonne fließt rot in den Fluss. Melodien von Troilo und D'Arienzo tönen aus den Lautsprechern auf der Mauer und verlieren sich in der lauen Abendluft. Fast glaubt man das Kratzen und Knistern eines Grammophons hören zu müssen. Schicke Schuhe gleiten elegant über den Steinboden. Die Männer sind lässig gekleidet, Kragen offen, Hemdärmel hochgekrempelt. Traumwandlerisch sicher führen sie ihre Partnerinnen über den Platz. Die Damen tragen stilecht kurze Röcke und schwingende Kleider. Spaziergänger bleiben stehen und schauen zu. Jogger winken lachend im Vorbeilaufen, Radfahrer grüßen klingelnd. Ansonsten ist die Szenerie erfüllt von einer nahezu andächtigen Stille, trotz oder vielleicht gerade aufgrund der melancholischen Musik, die alle einnimmt, Zuschauer wie Teilnehmer.

Es ist Dienstagabend, die Zeit des argentinischen Tangos am Beueler Rheinufer. Seit 18 Jahren organisiert Bernd Karsten, selbst leidenschaftlicher Tangoanhänger, die losen Tanztreffen am Rhein. Von Juni bis September, einmal pro Woche, wenn es nicht regnet. Die Abende sind ungezwungen, ohne Anmeldeliste oder Formalitäten. Jeder kann kommen und mittanzen. Ob solo oder als Paar. Und jeder kann zum Tanz auffordern oder zuschauen. Einige haben Klappstühle dabei oder nehmen auf ihren Jacken Platz. Ein Stück weiter im Bahnhöfchen lachen, essen und trinken die zahlreichen Gäste auf der Terrasse an der Promenade, wo früher die bekannte Schmalspurbahn aus dem Brohltal Station machte. Wie Überbleibsel der Schienen belegen. Am Sandstrand davor packt eine Gruppe ihr Sonnensegel ein. Jungs lassen Steine über das Wasser hüpfen.

Wenn die Sonne fast untergegangen ist, tauchen die Laternen und Teelichter, die Bernd Karsten um die Tanzfläche herumgestellt hat, in unwirkliches Licht. Die Tangotänzer wechseln noch einmal ihre Partner. Felicia heißt das bekannte Stück aus Argentinien. Es erzählt – trotz aller Wehmut darüber, dass der Abend nun vorüber ist – vom Glück.

TIPP Noch mehr Musik, Tanz, Theater und Co. gibt es im Kulturzentrum der Beueler Brotfabrik.

◗ **Tangotreff am Beueler Rheinufer, neben dem „Bahnhöfchen", Rheinaustraße 116, 53225 Bonn (Beuel)**
◗ **ÖPNV: Straßenbahn 62, 65, Stadtbahn 66, 67, diverse Buslinien, Haltestelle Konrad-Adenauer-Platz, ca. 10 Minuten Fußweg**

Savoir-vivre am Schloss

50 Der Bouleplatz an der Poppelsdorfer Allee

Erinnere ich mich an meine ersten Spaziergänge durch die Südstadt, in Richtung Botanischer Garten, dann sehe ich diesen Platz vor mir. Viele Wege führen hierher, keiner vorbei. Am Nachmittag bringen helle Sonnenstrahlen die sandige Erde neben dem Poppelsdorfer Weiher zum Leuchten. Während Enten ihre Kreise ziehen, platzieren Herren und Damen in den besten Jahren nebenan die 1,5 Kilogramm schwere Kugel. Dann muss man einfach stehen bleiben und zuschauen. Es ist das Zusammentreffen mehrerer Wege und Sehenswürdigkeiten, die diesem städtebaulich bedeutenden Knotenpunkt seinen Glanz verleiht, und das leise Klicken der Kugeln passt dazu: der Botanische Garten, das barocke Wachhäuschen als würdiger Abschluss der Boulebahn und natürlich die prächtige Poppelsdorfer Allee, im 18. Jahrhundert Promenade für den Hof. Wenn man von der Residenz durch die Unterführung kommt, stehen doppelseitige Kastanienreihen Spalier und ziehen den Blick magnetisch auf das Poppelsdorfer Schloss Clemensruhe.

Dank des Boulespiels, Pétanque, ist der Platz „nicht nur großartige Kulisse, er beginnt zu atmen", bestätigen die Mitglieder des Boulevereins Funny Poppelsdorf. Auf ihre Initiative wurde der Bouleplatz 1989/90 eingerichtet. Seitdem rollt hier die Kugel, oft bis der Mond über dem barocken Ensemble

TIPP Lange fehlte ein Restaurant am Schloss. Zum Glück gibt es das Nees, seit Kurzem auch mit Park Food.

aufgeht. Der Augenblick zählt, nicht das Gewinnen. Jede Konstellation schafft neue Möglichkeiten und die Boulefreunde wissen: Mit dem nächsten Versuch kann wieder alles anders sein. Was sie eint, ist die Liebe zum französischen Savoir-vivre und zu dieser Umgebung. Vom Bouleplatz führt eine Brücke über den Weiher auf die Schlosswiese. Studenten lernen im Gras, Kinder spielen Ball, Slackline-Akrobaten balancieren über ihr Seil. An manchen Tagen gibt es Yoga im Freien, an anderen Taschenlampenkonzerte. Im Mai feiern die Boule-Freunde seit fast 30 Jahren ihre Allee mit dem Kastanienblütenturnier. Dann ist es hier genauso schön wie im Herbst, wenn die Bonner Kinder säckeweise Kastanien sammeln, um sie in Gummibärchen einzutauschen.

● Bouleplatz am Poppelsdorfer Schloss, 53115 Bonn (Poppelsdorf)
● ÖPNV: Bus 601, 602, 603, Haltestelle Beringstraße, Bus 631, Haltestelle Am Botanischen Garten

Im Schokoladenglück

51 *Werksverkauf der Confiserie Coppeneur*

Schokolade macht glücklich – das ist nicht nur ein Spruch, sondern vielfach und wissenschaftlich untersucht. Stimmungserhellende Inhaltsstoffe scheinen die verarbeiteten Kakaobohnen zu Glücksbringern zu machen, ebenso wie die wohlschmeckende Mischung aller Zutaten. In der Confiserie Coppeneur et Compagnon gibt es unzählige Kreationen davon in bester Qualität. Wenn man über die Schwelle des Werksverkaufs in Aegidienberg geht (gut 20 Kilometer von Bonn entfernt, im Siebengebirge), zieht einen der süß-cremige Duft hinein, als würde man in einer Wanne feinster Schokolade versinken. Der große, offene Laden ist in dunklen Braun- und Anthrazittönen gehalten, die Decke ein Sternenhimmel aus tausend funkelnden Lichtern. Wenn das nicht das Schokoladenparadies ist! Manufaktur für Lebensfreude nennt sich die über die Region bekannte Pralinenfabrik passenderweise.

Die Produktion am Dachsberg ist gläsern. Bei Führungen lässt sich verfolgen, wie aus rohen Kakaobohnen edle Schokoladen entstehen. Ein modernes Kino, Eventräume und eine Showküche, in der man selbst Pralinen machen kann, gehören zur Schokoladenwelt. An-

TIPP *In Bonn hat Coppeneur ein Café in der Friedrichstraße und einen Laden im Foyer des Marriott Hotels.*

gefangen hat alles 1993 mit einfachen Mitteln und ersten Pralinenklassikern. Später entschloss sich Coppeneur als einer der Ersten, erlesene Schokoladen direkt aus dem Rohstoff zu machen. Bohnen gibt es übrigens ganz verschiedene und jede Charge hat ihre eigene Seele, wie Oliver Coppeneur weiß. Die Vielfalt der daraus entstehenden Produkte scheint grenzenlos. Meine Favoriten sind die Cuvee-Schokoladen, bei denen Zutaten wie Beere und Flieder oder Maracuja und Bourbonvanille wie ein Kunstwerk ineinanderfließen. Fast zu schön zum Essen. Zum Glück gibt es im Werksverkauf ausreichend Nachschub. Im Bistro daneben kann man die hauseigenen Trinkschokoladen Tchocolatl probieren oder in wenigen Minuten eine eigene Schokolade mit Lieblingsdekor kreieren. An der Kasse steht auf einem Schild: Egal was die Frage ist, Schokolade weiß die Antwort. Na dann, noch einmal tief einatmen und bald wiederkommen.

● **Confiserie Coppeneur et Compagnon GmbH, Werksverkauf I Bad-Honnef, Stammhaus, Gewerbepark Dachsberg 1, 53604 Bad Honnef (Aegidienberg), www.coppeneur.de**
● **Anreise mit dem Auto**

Ein bisschen Woodstock

52 *Konzerte auf dem Kunst!Rasen*

Es ist nicht so, dass die Rheinländer keine Veränderungen mögen. Schließlich heißen zwei der wichtigsten Paragrafen des Rheinischen Grundgesetzes „Et kütt, wie et kütt" und „Wat fott es, es fott". Dennoch zuckt mancher immer noch leicht zusammen, ein „Moment mal" auf den Lippen, wenn am Sonntagabend der Bericht aus Berlin, und nicht aus Bonn, angekündigt wird. Auch als die Open-Air-Bühne zwischen Bundeskunsthalle und Kunstmuseum schloss, war das Bedauern zunächst groß und vernehmbar. Zu schön waren die lauen Sommerabende unter dem gespannten Segeltuch auf dem Platz der Kunstmuseen gewesen. Ein Ort, an dem das Kreative zwischen den Gebäuden nur so hin- und herfließt. Seit 2012 gibt es ein neues Konzertevent, gar nicht weit davon entfernt: den Kunst!Rasen. Jeden Sommer verwandelt sich die Liegewiese hinterm Post Tower an bis zu 15 Abenden zur Top-Festivaladresse. Der Rasen direkt am Rhein bietet genug Platz für eine lässige Atmosphäre mit Woodstock-Flair. Hier muss nicht gedrängelt und geschoben werden. Jeder stellt und setzt sich einfach hin, wo er mag, und chillt mit Freunden, bis die Musiker – lauter deutsche und internationale Rock-, Pop- oder Hip-Hop-Größen – loslegen. Selbst das Anstehen in der meist langen Warteschlange geht in dieser schönen Umgebung verhältnismäßig entspannt vonstatten. Die Veranstalter Martin J. Nötzel und Ernst-Ludwig Hartz organisieren jedes Jahr von Juni bis September einen Sommer der Stars. Bis zu 10.000 Musikfans passen auf das Gelände, wenn Musiker wie die Fantastischen Vier, Amy Macdonald, BAP, Sting und Zaz unter den alten Linden und Kastanien auftreten. Die Location ist mittlerweile in ganz NRW beliebt und das Konzept wird sogar noch weiter ausgebaut: Beim Klassik!Picknick gibt sich das Beethoven Orchester Bonn die Ehre. Bonner Autoren präsentieren sich in der VIP-Lounge beim Format Kunst!Lesen. So hatte die Veränderung vieles für sich oder wie der 3. Paragraf der Rheinländer besagt: „Et hätt noch immer jot jejange".

TIPP Wenn möglich mit Rad, Bus oder Bahn kommen. Parkplätze sind nicht Bonns stärkste Seite.

🔵 **KUNST!RASEN,** Charles-de-Gaulle-Straße, 53113 Bonn (Gronau)
www.kunstrasen-bonn.de
🔵 **ÖPNV:** Bus 610, 611, Haltestellen Johanniter-Krankenhaus und Post Tower, Stadtbahn 66, 68,
Haltestelle Rheinaue oder Heussallee, wenige Minuten Fußweg

Echt schön rheinisch

 ## *Love Your Local Store – Design aus der Region*

Andrew Triebe liebt die Bonner Altstadt, den Stadtteil mit Kultur, Kirschblüten, Hinterhöfen und jeder Menge Boheme. Das ehemalige Handwerkerviertel beginnt hinter dem Stadthaus und präsentiert seine schönen Straßen und Altbauten lässig mit großem Herz fürs Individuelle. Klein ist hier fein und Kulturelles, Kreatives wird hochgeschätzt. So war es für den Chef einer Designagentur klar, dass er seinen Love-Your-Local-Laden in dieser Gegend aufziehen musste. Der schöne helle Laden in der Breiten Straße feiert seit 2016 die Kreativen in dieser Stadt. Daher ist es auch gut möglich, den einen oder anderen hier persönlich anzutreffen. „Die meisten Künstler bringen uns ihre guten Stücke selbst vorbei. Der Kontakt macht beiden Seiten Spaß, und wir sparen Verpackung und aufwendige Logistik", berichtet Mitarbeiterin Patricia Reinhard. Eine Spontanführung von ihr durch den Conceptstore kommt einem Galeriebesuch gleich. Hier gibt es Schmuck aus Graffitiplatten, Handlettering und Illustrationen auf Karten und Plakaten, Upcycling-Design auf umfunktionierten Buchdeckeln. An der Wand hinter einem gemütlichen Ledersofa hängt Bonner Streetart. Alles designed in Bonn und der Region, von mittlerweile über 70 Künstler-Lieferanten. Beliebt sind auch die kultigen Shirts, Hoodies und Taschen mit Aufschriften wie „Paris, London, Tokyo, Bonn", „Mett und Schampus" oder „53ONN", passend zur Postleitzahl. Ein Food-Regal mit Honig, Kaffee, Gewürzen und natürlich Siegfried Gin darf nicht fehlen, genauso wie die im Frühling üppig vor der Tür blühenden Kirschblüten und der Local Hero Beethoven als Bonner Symbole auf Materialien aller Art. Andrew Triebe organisiert seit Jahren den Designermarkt Strich und Faden, dort kam ihm die Idee, den Kunden die dort vorgestellten Werke auch ganzjährig zum Kauf anzubieten. Seitdem wächst und wächst das Sortiment und der Designer hofft, dass Love Your Local vielen Leuten Mut macht, ihre eigene Kreativität auszuleben und einfach mal zu machen, was Freude bringt.

TIPP Die Künstlerinnen von May & Berry bieten in der Wolfstraße Handlettering- und Watercolour-Kurse an.

▶ Love Your Local Concept Store, Breite Straße 28, 53111 Bonn (Altstadt), Tel. (02 28) 97 46 10 05
www.love-your-local.com
▶ ÖPNV: Bus 602, 604, 605, Straßenbahn 61, 62, Stadtbahn 66, 67, Haltestelle Stadthaus,
wenige Minuten Fußweg

Einfach nur gute Pizza

 54 *Die Mini Pizzeria Cala-Dor am Busbahnhof*

Wer kennt sie nicht, die Fast-Food-Buden mit den vollgeschriebenen Speisekarten. Seitenlang preisen sie chinesische, griechische, italienische, orientalische Spezialitäten an. Chianti ab Mindestbestellung inklusive. Bei Bonns Mini Pizzeria ist das anders! Hier ist der Name Programm. Es gibt Pizza, Pizza und Pizza! Klein und groß, von Margherita bis Vier Jahreszeiten. Getränk dazu, fertig. Das ist das Konzept. Gemeinsam haben alle Backwerke eins: Sie sind lecker, schnell fertig und preisgünstig.

Die selbsternannte Mini Pizzeria Cala-Dor hat erst kürzlich Location und Look aufgepeppt. Gezwungenermaßen, denn das Gebäude direkt gegenüber dem Bonner Hauptbahnhof, in dem die Pizzabäcker vorher untergebracht waren, wurde abgerissen. Seit dem Umzug in die nahegelegene Wesselstraße 4, hinterm Busbahnhof, warten sie mit einer Reihe Stehtische, Hockern und einem hinteren Räumchen mit Sitzplätzen auf. Das Ambiente ist mediterran angehaucht. Alles schnörkelfrei und wie der Rheinländer sagt: ohne viel Gedöns. Denn im Mittelpunkt steht – ja, genau – die gute, schnelle Pizza. Die günstigste ist eine halbe Margherita, für eine „kleine" Bestellung wird die große nämlich einfach halbiert. Die teuerste heißt Ätna und geht mit allem Drum und Dran über den Tresen. Das Preis-Leistungsverhältnis ist unschlagbar.

TIPP Bei gutem Wetter mit Karton auf die Hofgartenwiese oder Poppelsdorfer Allee setzen.

Einheimische wissen, dass das Cala-Dor, das schon seit 1983 in Bonn erfolgreich Pizza backt und verkauft, bis 2016 noch in einer Art Verschlag mit Pizzaofen anzutreffen war. Schon dieser Laden hatte Kultstatus. Von mittags bis in die frühen Morgenstunden quetschten sich Schlangen rein und mit ganzen und halben Pizzen beglückt wieder heraus. Da gleichen die neuen Räume fast einer kulinarischen Oase. Jetzt auch mit Facebook- und Webseite, auf der man alle Sorten, Preise und frei kombinierbaren Zutaten studieren kann. Geblieben ist das freundliche Team, das hungrigen Nachtschwärmern ohne Wohnsitz auch mal einfach so ein Stück Pizza rüberreicht, – und, zum großen Glück, auch die wirklich leckere Pizza.

○ Mini Pizzeria Cala-Dor, Wesselstraße 4, 53113 Bonn (Zentrum), Tel. (02 28) 94 55 41 76
www.calador-pizzeria.de
○ ÖPNV: diverse Bus- und Bahnlinien, Haltestelle Hauptbahnhof/Busbahnhof,
wenige Minuten Fußweg

Rousseau trifft Traminer

55 *Der Antiquarius in der Südstadt*

Endlich macht es einer – das dachten viele, als Volker Schliwa im Jahr 2004 in der Südstadt das Antiquarius, ein Buchantiquariat mit Café, eröffnete. Im Erdgeschoss des Hauses an der Ecke Bonner Talweg und Königsstraße. Ich weiß noch heute, wie es war, das erste Mal hereinzukommen. Die Sonne schien durch die großen Ladenscheiben, als sich die schwere Eichentür hinter mir schloss und ich inmitten wertvoller Bücher stand.

Im hinteren Bereich ist der Laden dunkel und es riecht wunderbar nach antiken Schriftstücken. Staunend steht man vor diesen hohen Regalen voller Worte und Wissen. Auch der Inhaber, also der Antiquarius in Person, kann noch staunen, wenn er zum Beispiel eine Rousseau'sche Erstausgabe in den Händen hält. Selbst im Nachgang davon zu erzählen, lässt seine Augen strahlen. An normalen Arbeitstagen sitzt er an seinem schweren, dunklen Schreibtisch links vom Eingang, kauft und verkauft Bücher, digital und online. Von diesem Ort aus, der so analog ist, wie nur möglich. Viele Kunst- und Wissenschaftsbereiche im weitesten Sinne sind vertreten. Gebundene Bücherschätze überall, darunter unzählige Raritäten, zum Anfassen. Keine Chance für antippbare ebooks. Interessant sind auch die Stationen, die ein Buch genommen hat, über Auktionen, aus größeren Beständen sowie Privatbesitz. Von diesen Wegen erzählen auch Ex-libris-Einträge, handschriftliche Randnotizen und Zeichnungen sowie die Verkäufer selbst. Wie die in Köln lebende Französin, die bei jedem Treffen erwähnte, dass ein Meisterschüler von Otto Dix in sie verliebt war, was sicher auch Einfluss auf ihre Bücherauswahl hatte.

Vorne im hellen Eingangsbereich gibt es Cafétische, eine Theke, Sessel und Sitzplätze auf der Fensterbank. Und natürlich Bücherregale. Man kann sich hinsetzen, blättern und lesen und sich wundern, im besten Wortsinne. Dazu serviert der Weinliebhaber fruchtige Gewürztraminer, natürlich auch Antialkoholisches sowie kleine Speisen. Privat liest Volker Schliwa gerne Reiseliteratur. Da kommen die Glücksorte ja gerade recht.

TIPP Nicht weit von hier tritt das wohl kleinste Theater Bonns - Die Pathologie - im Schumann's auf.

Antiquariat und Café Antiquarius, Bonner Talweg 14, 53113 Bonn (Südstadt), Tel. (02 28) 9 26 79 40
ÖPNV: Straßenbahn 61, 62, Haltestelle Königsstraße, wenige Minuten Fußweg

Die schönsten Sundowner

56 Konrad's Skybar im Marriott Hotel

Das Wort Glück stammt aus dem Mittelhochdeutschen. Damals stand Gelucke für etwas, das gut ausläuft oder sich gut trifft. Ungewöhnlich ist, dass es im Deutschen einen übergeordneten Glücksbegriff gibt, also nicht zwischen Glück haben und glücklich sein unterschieden wird. Bei vielen Glücksorten und besonders bei der Skybar im Marriott Hotel kommt ebenfalls beides zusammen. Im Lift fährt man bis in den 17. Stock des Hotels im ehemaligen Regierungsviertel. Dann steht man in der stilvoll eingerichteten Bar mit türkisfarbenen Sitzmöbeln und blickt durch die breite Fensterfront über den Rhein. Noch grandioser ist der Blick draußen auf der dazugehörenden Dachterrasse. Jetzt kann man von oben über die Dächer der Stadt schauen, links- und rechtsrheinisch, bis nach Köln. Auf die Schiffe, die Menschen und Autos, die ganz klein wirken. Wo einst das Herz der ehemaligen Hauptstadt kräftig schlug, baut Bonn heute seine Rolle als UN-Standort weiter aus.

Im Erdgeschoss des Hauses bereichert das beliebte GOP-Theater das Nachtleben. Am Abend treffen sich Hotelgäste, Varietébesucher und Bonner, darunter viele, die in der unmittelbaren Nähe arbeiten, zum Sundowner. Wer einen Platz am Fenster oder draußen ergattert, der hat im oben beschriebenen doppelten Sinn Glück und empfindet es auch genauso. Schöner kann man einen Abend kaum ausklingen lassen. Direkt darunter liegt das alte Wasserwerk, in dem von 1986 bis 1992 der Deutsche Bundestag tagte und auch über den Umzug nach Berlin abstimmte. Heute gehört es zum World Conference Center Bonn, ebenso wie der moderne Plenarsaal, Sitzungsort internationaler Konferenzen. Unten sind viele Gebäude als Stationen des Weges der Demokratie mit Infotafeln bestückt. In Reminiszenz an den ersten Bundeskanzler Adenauer heißt die Sky Bar Konrad's, andere Tagungsräume tragen ebenfalls Namen aus der Bonner Republik. So kommen die alten Zeiten und das moderne Bonn hier oben perfekt und gar nicht angestaubt zusammen. Da schließt sich der Kreis zur Herkunft des Wortes: Glück ist, was sich gut trifft.

TIPP Führungen im nahegelegenen Plenarsaal werden über die Bonn Info angeboten.

> Konrad's Skybar im WCCB Konferenzhotel, Platz der Vereinten Nationen 4, 53113 Bonn (Gronau), Tel. (02 28) 28 05 00, https://wccbhotel.com/skybar-bonn.html
> ÖPNV: Buslinien 610, 611, Haltestelle Deutsche Welle, Stadtbahn 16, 63, 66, Haltestelle Heussallee/Museumsmeile

Klang für die Welt

57 *Orgelbau Klais in der Kölnstraße*

Im Hinterhof der Gründerzeitwerkstatt steht ein großer Lkw, Kiste für Kiste wird darauf verladen, eine Orgel für Malmö. Drinnen in der Pfeifen-Werkstatt und Windladen-Schreinerei, wie es über den Gebäuden steht, werden zeitgleich Orgeln für Lettland und die USA produziert. Klais-Orgeln stehen in Kirchen, Theatern und Konzertsälen in vielen Ländern. Von Peking bis Reykjavík. Von Buenos Aires bis Kuala Lumpur. Die Bonner Orgelbauer müssen viel reisen. Bis eine neue Orgel erklingt, vergehen Wochen des Aufbaus vor Ort. Zuvor werden sie im Bonner Norden bis ins Detail geplant und in circa zweieinhalbjähriger Arbeit gefertigt. Die Mitarbeiter haben das Ganze, die Vision der fertigen Orgel, im Blick. Bei Klais sind die Projekte keine Nummern, die Instrumente tragen den Namen des Ortes, den sie einmal mit Klang erfüllen werden. Jede Orgel ist ein Unikat, hat ihren Charakter, ihren eigenen Klang, ihre Seele. Für alle Beteiligten ist sie auf eine ganz spezielle Weise auch ihre Orgel, mit der sie immer verbunden bleiben. Die aktuell 68 Klais-Mitarbeiter, deren Fotos an den Fenstern hängen, verknüpfen persönliche Erinnerungen und Erlebnisse mit jeder Bauphase. In der

TIPP Eine neue Klais-Orgel steht in der Krypta der Kreuzkirche, auch als Anschauungsinstrument.

Werkstatt ticken die Uhren etwas anders als draußen auf der Straße. Langsamer, bewusster. Eine gute Orgel ist wie ein ganzes Orchester, das braucht Zeit. Für die Firma Klais, die in 4. Generation von Philipp Klais geführt wird, sind

die Instrumente wie Kinder. Wenn sie das Haus verlassen, kann man sie immer wieder besuchen und ihre Musik hören. Urgroßvater Johannes Klais, dessen Name auf dem roten Backsteinhaus zur Straße hin steht, hat die Firma 1882 gegründet. Einige Jahre später baute er die Werkstätten in der Kölnstraße 148. Die handwerklich meisterhaften „Königinnen der Instrumente", wie Mozart die Orgel einst nannte, sind an vielen Orten der Stadt zu bewundern, in Kirchen und der Beethovenhalle, auch im Kölner Dom und der Elbphilharmonie. Klais baut Orgeln für die Welt, der Klang ihrer Pfeifen erfüllt überall Räume und Himmel.

● Johannes Klais Orgelbau, Kölnstraße 148, 53111 Bonn (Nordstadt), Tel. (02 28) 98 24 00
www.klais.de
● ÖPNV: Straßenbahn 61, 65, Haltestelle Chlodwigplatz

Flanieren & genießen

 Die Fußgängerzone Friedrichstraße

Es gibt dieses ganz besondere Freitagnachmittaggefühl, wenn man alle Aufgaben der Woche gemeistert hat und das Wochenende beginnt. Nichts muss dann sein, vieles ist möglich. Es ist mit einem bestimmten Flow verbunden, einem Licht und oft auch mit Orten. Bei mir ist das die Friedrichstraße. Der 2007 stilvoll sanierte Teil der Bonner Fußgängerzone zwischen Markt- und Bertha-von-Suttner-Platz zählt zu den schönsten Einkaufsmeilen Deutschlands.

Dekorative Altbauten stehen auf beiden Seiten, sie beherbergen eine Vielzahl individueller und exklusiver Restaurants, Bistros und Läden. So gehört es zum perfekten Freitagabend, sich vom Belderberg bis zum Friedensplatz treiben zu lassen, zu stöbern und Platz zu nehmen. Zum Beispiel im Schokoladencafé Coppeneur, in Kessel's Espresso Studio mit Equipmentverkauf, in der original französischen Boulangerie oder beim Weinhaus Jacobs. Das EisLabor veranstaltet Eisproben, bei denen man den kreativen Eismachern über die Schulter schauen kann. Dazwischen sind Galerien, Geschäfte mit modernem Design, Möbeln, Leuchten, Spielwaren, Accessoires und Antiquitäten. Schmuck und Mode, einen alteingesessenen Schusterladen, sogar einen Spezialhandel für Golf gibt es hier. Zum Straßenfest im Sommer wird ein roter Teppich in der Mitte ausgerollt. An allen Ecken swingt, klingt und duftet es, Passanten tanzen dazu auf der Straße. Zur Weihnachtszeit schwingen große rote Sterne hoch oben über dem Pflaster. Dann, wie im ganzen Jahr, lohnt es sich, bei Geschenke Leopold hereinzuschauen. Der Traditionsladen ist seit 1896 die Adresse für Kunsthandwerk, Krippen und christliche Kunst. Der Straßenzug ist bereits seit dem 14. Jahrhundert in Karten verzeichnet, unter wechselnden Namen. Nachdem am Ende des 17. Jahrhunderts ein Krankenhaus an der Ecke Kesselgasse gebaut wurde, hieß die Straße Hospitalgasse und galt als wichtige Station für Jakobswegpilger. Der heutige Name geht auf den Kölner Kurfürsten und Erzbischof Max Friedrich zurück, der im 18. Jahrhundert in Bonn residierte.

TIPP In der Wenzelgasse bei CONTIGO gibt es Fairtrade-Schmuck, selbst gerösteten Kaffee und schöne Musik.

Friedrichstraße, 53111 Bonn (Zentrum)
www.friedrichstrasse-bonn.de
ÖPNV: diverse Buslinien, Straßenbahn 61, 62, Stadtbahn 66, 67,
Haltestelle Bertha-von Suttner-Platz/Beethovenhaus

Titanenwurz & Lotusblüten

59 *Die Botanischen Gärten am Poppelsdorfer Schloss*

Der historische Teil der Botanischen Gärten der Universität Bonn ist durch die grüne Poppelsdorfer Allee mit der Innenstadt verbunden. Schon der Weg dorthin, durch Kastanienreihen vorbei am Poppelsdorfer Schloss, ist eine Freude. Spätestens vor dem Springbrunnen, den Rundgang durch die verwunschene Anlage noch vor sich, schaltet man innerlich einen Gang runter. Das Gras wächst schließlich, wie oft zitiert, auch nicht schneller, wenn man daran zieht. Zu jeder Tageszeit herrscht eine eigene Stimmung, und wahrscheinlich schafft es auch der regelmäßige Besucher nie, alle Winkel der Anlage nebst Infotafeln, Hörstationen und Pflanzenschildern zu erkunden. Viele haben eine Lieblingsbank oder Lieblingswege. Andere bauen beim Joggen eine Runde durch den Garten ein. Auf 12 Hektar werden 11.000 Pflanzenarten in den verschiedenen Abteilungen kultiviert. Eintritt kostet es nur an Sonn- und Feiertagen. Mehrere Bienenvölker produzieren Honig, den der Freundeskreis an einem Stand verkauft.

TIPP Führungen sonntags um 15 Uhr, darüber hinaus gibt es diverse Themenführungen und Familienworkshops.

Bereits im Mittelalter stand ein Wasserschloss an der Stelle von Schloss Clemensruhe. Teile des Burggrabens sind bis heute erhalten. Ebenso Charakter und Charme des ab 1715 angelegten barocken Repräsentations- und Lustgartens, der auf einen Renaissancegarten mit Orangerien zurückgeht. Wo Kurfürst Clemens August ehemals durch Privatgärten flanierte, stehen jetzt moderne Gewächshäuser. Alle zwei, drei Jahre strömen Tausende Besucher hinein. Wenn der Titanenwurz um die 2 Meter hoch blüht, meist nur für einen Tag und eine Nacht. Für Wissenschaftler und Studenten sind die Gärten hauptsächlich ein Forschungsstandort der biologischen Vielfalt. Entwicklungen in der Bionik verhalfen zu internationaler Bekanntheit. Die Blätter der Lotusblüte beispielsweise dienen als Vorbild für selbstreinigende technische Oberflächen und dank dem Schwimmfarn Salvinia verbrauchen Schiffe auf einer Luftschicht gleitend weniger Treibstoff. Zahlreiche vom Aussterben bedrohte Arten wachsen hier. Was wir wohl von ihnen alles lernen können?

⊙ Botanische Gärten der Universität, Meckenheimer Allee 171, 53115 Bonn (Poppelsdorf), Tel. (02 28) 73 55 23, www.botgart.uni-bonn.de
⊙ ÖPNV: Buslinien 601, 602, 603, 631, Haltestelle Am Botanischen Garten

124

Bonns Broadway

 Die Kulturmeile in Endenich

Wie viele der Bonner Stadtteile ist Endenich ein Dorf in der Stadt, ein Vorort mit ganz eigenem Charakter. Endenich ist seit Jahrzehnten eine Kulturhochburg in der Bundesstadt. Seine Bekanntheit als Bonns Broadway verdankt Alt-Endenich, das vom neueren Teil durch eine Bundesstraße nahe der Autobahn getrennt ist, vor allem einer schmalen, zudem recht kurzen Straße: der Frongasse. Auch Endenicher Kulturmeile genannt. Rheinische Gemütlichkeit trifft hier auf zeitgenössisches Theater, Kabarett, Folk- und Rockmusik. Dass der Endenicher gerne feiert, scheint eindeutig, immerhin gab es mehrere Tanzsäle und Gasthäuser, die in den 90ern aus ihrem Dornröschenschlaf erweckt werden wollten.

Einen der Säle bezog das Improvisationstheater Springmaus, das, 1983 von Bill Mockridge als verrücktes Sonntagsensemble gegründet, zunächst im Tischtenniskeller der Katholischen Gemeinde an der Oxfordstraße untergekommen war. Auf der winzigen Bühne wurde so mancher Kleinkünstler groß: Dirk Bach, der im Dirndl im Stück Geierwally an die Decke knallte, oder auch Konrad Beikircher. 1993 eröffnete das Theater das Haus der Springmaus in der Frongasse mit dem visionären Stück „Ende(nich) in Sicht". Wie wahr! Die Springmaus ist rheinisch-leidenschaftlich wie am ersten Tag und gehört längst zu Deutschlands renommierten Kabarett- und Kleinkunstbühnen. Meist ernster, aber ebenfalls engagiert geht es im Theater am Ballsaal gegenüber zu. Inzwischen wird es gemeinschaftlich von einer Theater- sowie einer Tanzgruppe geführt. Daneben im ehemaligen Gasthaus Fronhof ist das Fiddlers, ein Irish Pub, das seinem Namen auf den ersten Blick und Schluck alle Ehre macht. Es ist nicht nur für einen Absacker nach einem Kulturabend gut, hier gibt es auch ausgezeichnete Live-Musik. Das Rex Kino pflegt als Programmkino den Charme der Lichtspieltheater aus den 50ern. Und nur wenige Schritte weiter ist der Eingang zur Clubkneipe Harmonie. Ein uriges Multitalent mit Konzertsaal, in dem bekannte Rock- und Indie- sowie Cover-Bands ihr Bestes geben.

> **TIPP** In Endenich ist auch das Schumannhaus mit Museum und Musikbibliothek, von Klassik bis Pop.

 Kulturmeile in Endenich, Frongasse, 53121 Bonn (Endenich), www.springmaus-theater.de, www.theater-im-ballsaal.de, www.thefiddlersbonn.com, www.rex-filmbuehne.de, www.harmonie-bonn.de

 ÖPNV: Buslinien 606, 607, Haltestelle Brahmsstraße/Magdalenenplatz, Buslinien 608–611 Haltestelle Auf dem Hügel, wenige Minuten Fußweg

Eine große Wundertüte

61 *Kreatives Schreiben bei Actuaria*

Auf dem ovalen Holztisch stehen Tulpen und Tee, dazwischen liegen weiße Blätter und Blöcke und Lieblingsstifte. Wenn Schreiblehrerin Beate Fuhrmann die Klangschale erklingen lässt, geht es los beim Dienstags- oder Mittwochsschreiben am Abend, ebenso beim Schreibfrühstück am Morgen. Das kreative Schreiben der amerikanischen Schule ist seit Jahren ihre große Leidenschaft. Diese gibt sie gerne an ihre Kursteilnehmer weiter. Jeder kann mitmachen, also mitschreiben. Einmal oder regelmä- ßig. Man muss kein Autor sein oder etwas mit Schreiben zu tun haben. Im Mittelpunkt stehen der kreative Flow, das Fließenlassen, ohne groß nachzudenken. Der Abend beginnt mit Wortspielen und Wortschatz, wir haben 5 Minuten Zeit und schreiben, als würde eine Stimme im Kopf diktieren, W-Wörter auf unser Papier: Weihnachten, Wiese, Wat- tenmeer steht da, andere notieren Wackelpudding, Wolkenkuckucksheim, wieso, weshalb, warum. Das große Staunen beginnt und wird sich im Laufe des Abends steigern. Die eigenen Texte überraschen genauso wie die der anderen. Die Welt ist bunt und weit, die Geschichten gehen nie aus. Wertfrei ist das Zauberwort, alles kann sein und auf-

TIPP *Unbedingt mit einem Spaziergang durch das schöne Godesberger Villenviertel verbinden.*

geschrieben werden – eine große Wundertüte. Um im Schwung zu bleiben, ist es wichtig, mit der Hand zu schrei- ben. Diese Art des kreativen Schreibens ist prozess-, nicht ergebnisorientiert. Einfach machen, darum geht es.
„Schreibblockaden gibt es nicht", heißt das Credo von Beate Fuhrmann, die ein leeres Blatt immer mit Freude, nie mit Sorge verbindet. Sie setzt Impulse, schafft Schreibanlässe, legt Objekte auf den Tisch, Gong, 5 Mi- nuten Zeit, weiter geht's. Die Hand schreibt wie von selbst. Melancholisch, lustig, liebevoll, provozierend. Die Bandbreite der Texte ist riesig. Un- fassbar wie aus einem Satzanfang „Was wäre, wenn …" völlig unter- schiedliche, berührende und auch lustige Wortwelten entstehen. Nach gut 2 Stunden sind die Seiten voll, die Gesichter fröhlich, der Kopf frei. Die ganze Nacht könnten wir weiterschreiben und nehmen den Flow herzerfrischt mit in den neuen Tag.

Actuaria, Schreibevents, Rüngsdorfer Straße 2c, 53173 Bonn (Bad Godesberg), Tel. (02 28) 9 45 54 57, www.actuaria-kreativ.de oder www.beatefuhrmann.de
ÖPNV: diverse Buslinien, Stadtbahn 16, 63, Haltestelle Bad Godesberg Bahnhof, 2 Minuten Fußweg

Expedition in die Savanne

62 *Im Naturkundemuseum Koenig*

Das Zoologische Forschungsmuseum Alexander Koenig, so der offizielle Titel, ist ein Naturkundemuseum wie aus dem Bilderbuch: ein großes Foyer mit Dämmerlicht, Ewigkeit ausstrahlende Steinböden, Säulen, opulente Treppenaufgänge nach links und rechts. Im beeindruckenden Lichthof dahinter ist eine naturgetreue Savannenlandschaft mit Tieren aufgebaut, an der sandgelben Momentaufnahme vor der Wasserstelle kommt kein Besucher vorbei. Inhaltlich widmen sich Dauer- und Sonderausstellungen dem Schutz der biologischen Vielfalt. Die neue Regenwald-Abteilung präsentiert die südamerikanische Fauna mit Flora als Schatzkammer des Lebens. Typisch für das Museum sind sogenannte Dioramen, die naturalistische Lebens- und Tierwelten in 3D inszenieren, von der Arktis bis zu heimischen Wäldern.

Der Zoologe und Ornithologe Alexander Koenig, aufgewachsen in der heutigen Villa Hammerschmidt, interessierte sich bereits als Kind für Tiere und Vogelarten und legte erste Sammlungen von Eiern und Präparaten an. Später führte er zahlreiche privat finanzierte Expeditionen, insbesondere in den Norden Europas sowie Teile Afrikas. Von dort brachte er die beiden Giraffen mit, die heute noch in der Dauerausstellung zu sehen sind. Das Museum, dessen Grundstein bereits 1912 gelegt wurde, konnte 1934 eröffnet werden. Fünf Jahre zuvor hatte Koenig seine privaten Sammlungen bereits an die preußische Regierung übergeben. Am 1. September 1948 traf sich im Lichthof erstmals der Parlamentarische Rat, der über die Zukunft der Bundesrepublik Deutschland entschied und das Grundgesetz ausarbeitete. Die beeindruckenden Giraffen waren auch dabei, allerdings, um nicht abzulenken, mit Tüchern verhüllt. Als diverse Politiker und Beamte Büros in den Museumsräumen bezogen, mussten sie täglich an der illustren Tiergesellschaft vorbei. Viele der seltenen Exponate stammen noch aus Gründungszeiten. Wer das Museum unterstützen will, kann Tierpatenschaften übernehmen. Ein Highlight für Kinder sind die Taschenlampenführungen durch das abendliche Museum.

TIPP Am Museumsmeilenfest im Mai/Juni ist auch meistens der schöne Park geöffnet.

🔵 **Zoologisches Forschungsmuseum Alexander Koenig, Adenauerallee 160, 53113 Bonn, Tel. (02 28) 91 22-102, www.zfmk.de**
🔵 **ÖPNV: Stadtbahn 16, 63, 66 Haltestelle Museum Koenig**

Hallo, Fährmann!

 63 *An der Siegfähre*

Fährübergänge gibt es einige in Bonn und Umgebung. So einen wie an der Sieg gibt es nur einmal: Herzlich willkommen in Troisdorf-Bergheim an der ältesten und einzigen Einmannfähre Deutschlands. Mit dem Auto ist sie kurz hinter der Bonner Nordbrücke über den Rhein erreichbar und auch ein wunderschönes Ziel für eine Radtour.

An der Sieg, dem 150 Kilometer langen Nebenfluss des Rheins, herrschte ein reger Handel, zahlreiche Fähren, allesamt Holzkähne, führten hinüber und transportierten nicht nur Menschen, sondern auch Fuhrwerke, Tiere und vielerlei Waren und Güter. In der Regel wurden sie von den örtlichen Fischern bedient und verbanden Bonn-Beuel und Troisdorf, wie es nach wie vor steuer- und backbord auf der Fähre steht. Ursprünglich floss die Sieg direkt am Dorf Bergheim vorbei, bevor sie 1777 begradigt wurde. Seitdem kann man an der jetzigen Stelle übersetzen, seit 2004 mit der Heiligen Adelheid, einem doppelwandigen Aluminiumboot. Die abgelöste Sieglinde hat einen Ehrenplatz am Ufer daneben erhalten. Der Lauf der Sieg ist für seine natürlichen Auen und schönen Flecken bekannt, seit 1986 stehen die rund 450 Hektar bis zur Siegmündung unter Naturschutz. Mehr als 240 Vogelarten, darunter viele seltene, sind hier zu Hause. Im Sommer, wenn alles grün und bewachsen ist, ist es rund um das Gasthaus zur Fähre besonders idyllisch. Die Überfahrt mit der mobilen Brücke ist zudem absolut umweltfreundlich und emissionsfrei, perfektes Teamwork zwischen Strömung, Heckruder und dem quer über den Fluss gespannten Drahtseil. Das Boot ist mit einem Seil, dem Giertau, über eine Rolle verbunden. Die kurze Fahrt mit der Gierponte dauert nur anderthalb Minuten. Wenn Wetter und Wasserstand es zulassen, setzt der Fährmann von Ostern bis zum Tag der Deutschen Einheit über, zwischen 9.30 und 20 Uhr. Vor allem Wanderer und Radfahrer nutzen das einzigartige Angebot gerne. Die Gaststätte gibt es schon seit 1923 an dieser Stelle, seit über 45 Jahren wird sie mit Innen- und Außengastronomie von der Familie Adscheid geführt.

TIPP **Wunderschön entlang der Sieg wandern bis zur Mündung des Flusses in den Rhein (2 km).**

○ **An der Siegfähre und Restaurant zur Siegfähre 7, 53844 Troisdorf, Tel. (02 28) 47 55 47**
www.siegfaehre.de
○ **ÖPNV: Bus 163, 550, 551, Haltestelle Bergheim Fährhaus**

Sammeltassen & Tafelsilber

 64 *Rhein-Antik-Markt auf dem Friedensplatz*

Unter Schirmen und Zeltdächern stapeln sich Sammeltassen mit Rosendekor, bauchige Kannen, Teller mit Goldrand, verzierte Schalen und schlichte Platten mit 50er-Jahre-Geometrie – sie alle erzählen die Geschichten ihrer Zeit, von den Menschen, die von ihnen gegessen und getrunken haben. Vielleicht jeden Morgen, ganz früh, wenn es noch dunkel war in der Küche, oder abends nach einem anstrengenden Arbeitstag oder auch zu ganz besonderen Anlässen, an Fest- und Feiertagen, wenn sie aus dem Schrank geholt und vor dem Eindecken noch einmal glänzend poliert wurden. Jetzt stehen die schönen Stücke auf den Tischen des Antikmarkts auf dem Friedensplatz, der sich mittlerweile auch über die Vivatsgasse, den Bottlerplatz, Teile der Windeck- und Poststraße erstreckt. Viermal im Jahr, zwischen April und Oktober, bauen die Händler von Rhein-Antik ihre Stände auf und versetzen den Platz in viele andere Epochen. Von den rund 200 Anbietern kommen einige aus dem benachbarten Ausland. Rhein-Antik gibt es inzwischen auch an neun weiteren Plätzen in der Region. Allen gemeinsam ist die besondere Standortwahl und die Grundidee, hochwertige antike Stücke in der Tradition französischer Marchés aux puce (Flohmärkte), ohne Neu- oder Billigwaren, anzubieten. Neben Geschirr und Dekorationen aus Porzellan, Glas oder Silber, Schmuck und Stoffen kann man hier auch eine Vielzahl an Gemälden, Lampen und Möbeln kaufen. Aus vielen Stilrichtungen und Designbewegungen. Schon der erste Markt war ein voller Erfolg. Er passt einfach gut ins gutbürgerliche Bonn mit seiner Gründerzeit- und Jahrhundertwendearchitektur und einem Sinn für alles Schöne.

Wie das edle Porzellan und die vielen Exponate, hat auch der Friedensplatz viel erlebt. Von 1897 bis 1929 war er Bonner Viehmarkt mit Bahnhofsstation. Von hier dampfte der „Feurige Elias", eine überaus beliebte Schmalspurbahn, über die Vorgebirgsdörfer zum Kölner Barbarossaplatz und zurück. Auch die Hauptstelle der Städtischen Sparkasse gehört seit 1913 zu diesem Platz.

TIPP Wer selbst teilnehmen möchte, findet alle Infos online.

▶ **Rhein-Antik, Friedensplatz, 53111 Bonn (Zentrum)**
www.rhein-antik.de
▶ **ÖPNV: Bus 602, 604, 605, Straßenbahn 61, 62, Stadtbahn 66, 67, Haltestelle Stadthaus**

Der Weg ist das Ziel

65 In der Drachenfelsbahn

Früh am Morgen ist die Luft ganz klar hier oben, nur wenige Menschen sind auf dem Drachenfelsplateau an der Bergstation der Drachenfelsbahn, der ältesten noch fahrenden Zahnradbahn Deutschlands. Die Nebelwolken über dem Rheintal sehen aus wie Wellen, im Westen ist der Himmel blau und die Sicht frei in die Eifel, an manchen Tagen bis nach Belgien. Michael Basten, der dienstälteste Schaffner der Bahn im sagenumwobenen Siebengebirge, offiziell Triebfahrzeugführer, hat oben 7 Minuten Aufenthalt, bevor er die nächsten Fahrgäste sicher zurück ins Tal bringt, nach Königswinter. Mit Zwischenstopp am Schloss Drachenburg. Er kennt die Aussicht zu jeder Tages- und Jahreszeit und ist, wie er lachend bestätigt, „mit jedem Stein und jedem Baum an der Strecke per Du". Fällt ihm selbst noch auf, wie schön die Landschaft im Naturschutzgebiet ist? Er habe vor allem die Technik im Blick, sagt Michael Basten, kenne jeden Ton seines Wagens und wenn unten in Rhöndorf eine Straßenlaterne ausfiele, das würde er merken. Wirklich bewusst nimmt er die Umgebung durch die Augen der Passagiere wahr. Bei ihren Ahs und

TIPP *Im Kaufmannsladen in Königswinter gibt es stilvolle Souvenirs und wunderbaren Kaffee.*

Ohs schaut er auch genauer hin. Besonders an seiner Lieblingsstelle, wenn sich kurz nach der Mittelstation der Blick rheinabwärts auf Bonn und die Kölner Bucht auftut, am Horizont die Türme des Kölner Doms. Der Kfz-Mechaniker, der zuvor auf der Rheinfähre war, arbeitet seit 32 Jahren hier. Der älteste Triebwagen ist Jahrgang 1955, die Bahn selbst seit 1883 in Betrieb. Michael Basten ist mit der Bahn aufgewachsen, Vater und Onkel waren Schaffner. Im 15-Minuten-Takt steuern er und seine Kollegen mit maximal 18 Kilometern pro Stunde den legendären Drachenfels an. Für die 1520 Meter lange Strecke brauchen sie 8 Minuten, die Steigung beträgt bis zu 20 Prozent. Kinder lieben es, vorne zu sitzen, und würden am liebsten mehrmals mitfahren. Die Bahn knarzt, rattert, ruckelt, zischt und pfeift. Ich muss an Lukas den Lokomotivführer denken und daran, dass der Weg, der jedes Mal anders aussieht, auch das Ziel sein kann.

▶ Drachenfelsbahn, Drachenfelsstraße 53, 53639 Königswinter
www.drachenfelsbahn.de
▶ ÖPNV: Stadtbahn 66, Haltestelle Königswinter Fähre, 10 Minuten Fußweg

Wohnzimmerkultur

 66 *Events und Ausstellungen in der Citypension*

Klein und fein anstatt groß und anonym. Kultur privat im eigenen Haus oder Garten ist beliebt. Zum einen ist man so ganz nah dran am Künstler und kann sich außerdem bestens mit den anderen Gästen austauschen. Umgekehrt ist es auch für die Musiker, Autoren, Fotografen ein Geschenk, direkt beim Publikum zu performen. Ein Format, das gerade in einer Universitätsstadt wie Bonn sehr gut funktioniert. Bei Michèle Lichte war der Weg zu den privaten Events von vielen Zufällen begleitet. Zunächst entschied sie mit ihrer Familie, Räume ihres über 100 Jahre alten Gründerzeithauses in der Südstadt stilvoll als Pensionszimmer umzugestalten. Dann besuchte sie eine Fotoakademie, um die Fotografie zu professionalisieren und machte sich als Bonn-Bloggerin einen Namen. So lernte sie mehr und mehr Kulturschaffende in der Stadt kennen. Als dann noch die hohen Wände im Erdgeschoss des Hauses, im Ess- und Wohnbereich, mit Bildern ausgestattet werden sollten, kam schnell die Idee auf, eine Ausstellungsfläche zu schaffen. Seitdem genießt die umtriebige Grundschulpädagogin die wechselnden Fotokunstwerke an ihren eigenen vier Wänden. Schon das abendfüllende Aufhängen

TIPP Den Newsletter der Citypension mit aktuellen Veranstaltungshinweisen abonnieren.

der Bilder zusammen mit Kollegen und Freunden ist ein Erlebnis. Auf die Vernissagen folgten die ersten Konzerte international renommierter Musiker, auch das ergab sich für Michèle Lichte, die lange selbst im Bonner Jazzchor aktiv gewesen war. Hinzu kamen Autorenlesungen mit Bonn-Bezug. Zur großen Freude der Gäste, die bei den Events auf Küchen- und Gartenstühlen sowie auf dem Sofa Platz nehmen. Die private Atmosphäre lässt die Leute im wahrsten Sinne des Wortes enger zusammenrücken. Der Eintritt ist frei, bei Voranmeldung per E-Mail. So wurde aus der City-Pension ein Haus, das Kultur und Menschen zusammenführt. Also nicht wundern, wenn an einem lauen Sommerabend Live-Jazz aus den Fenstern der Goethestraße Nummer 33 erklingt oder noch spät am Abend eine Gästeschar aus dem Gründerzeithaus kommt. Beglückt und beschwingt.

Citypension Bonn, Goethestraße 33, 53113 Bonn (Südstadt)
www.citypensionbonn.de
ÖPNV: Bus 610, 611, Haltestelle Arndtstraße, Straßenbahn 61, 62, Haltestelle Weberstraße, wenige Minuten Fußweg

Das Glück im Glas

 67 *Weck Werksverkauf in Duisdorf*

Einwecken – das Haltbarmachen von Obst und Gemüse hatte lange Zeit den Ruf, altmodisch zu sein. Jetzt liegen die gleichnamigen Gläser mit dem Plopp, durch große Gummiringe und Klammern dicht verschließbar, wieder voll im Trend und stehen in zahlreichen Variationen und großer Stückzahl im Werksverkauf. Zunächst erlebten die dickwandigen Gläser mit der Erdbeer-Gravur ihre Renaissance. Caterer schätzen die vielfältigen Einsatzmöglichkeiten und bestücken ihre Buffets Glas für Glas mit Suppen, Schichtsalaten und perfekt portionierten Desserts. Genuss-Magazine schreiben darüber und bei Flying Buffets und Gartenpartys sind sie der Renner. Kochliebhaber machen Apfelmus, Marmeladen, Gurken, Senf und Likör mit einer Prise Nostalgiefaktor wieder am liebsten selbst. Mit dem Glas erlebte auch die Kunst des Einmachens ein Revival. Dafür braucht man kochendes Wasser und die passenden Glasbehälter. Sogar Kuchen werden darin gebacken und verschenkt.

Seit Jahrtausenden beschäftigten sich Menschen mit der Frage, wie man Lebensmittel haltbar machen kann. 1900 schafften Johann Weck und Georg van Eyck mit ihrer frisch gegründeten Firma einen entscheidenden Durchbruch in Sachen modernes Konservieren. Und damit zugleich einen der ersten Marketing-Coups Deutschlands – bald war die Marke Weck in allen Küchen bekannt und hat es als Nomen und Verb sogar in den DUDEN geschafft. Zunächst fand die Produktion in ostdeutschen Glashütten statt, die nach dem Zweiten Weltkrieg enteignet wurden. 1950 nahm das Werk im Bonner Westen im Stadtteil Duisdorf seinen Betrieb auf. 370 Millionen Glasteile, davon 40 bis 50 Millionen Einweckgläser, werden heute pro Jahr gefertigt. Die Duisdorfer Gläser bestehen überwiegend aus regionalen Rohstoffen: Quarzsand aus Frechen, Kalk aus der Eifel, Soda aus Rheinberg. Viele verschiedene Sorten, Formen und Größen sind im Programm – vom Gourmetglas bis zur Saftflasche – und können im Bonner Shop gekauft werden. Zuhause werden sie dann mit Leckereien und Liebe befüllt, das nächste Fest kommt bestimmt.

TIPP Im Werksverkauf ist nur Barzahlung möglich.

◐ J. Weck GmbH u. Co. KG, Werksverkauf, Alter Heerweg 2, 53123 Bonn-Duisdorf
www.weck.de
◐ ÖPNV: Bus 630, 633, 680, 800, 843, 845, Haltestelle Duisdorf Bahnübergang

Künstlerleben in der Altstadt

 68 *Kunstbrennerei in der Kölnstraße*

Was bedeutet für euch die Kunst und in diesen Räumen arbeiten zu können? – Alles, antwortet Jenny Maus, ohne lange nachdenken zu müssen. Ihre Künstlerkollegen Tobias Stutz und Georg Cevales stimmen zu. In diesem Sinne ist die kunstBRENNEREI eine Heimat für die Maler, Grafiker, Fotografen und Bildhauer, ein Zuhause für die Kunst. Insgesamt 14 Kollegen arbeiten hier, einige täglich, viele regelmäßig. Manche starten schon morgens 8 Uhr, andere arbeiten lieber nachts und kommen, wenn andere gehen. „Oft verabreden wir uns, kochen zusammen, tauschen uns aus." Das kann man sich bestens vorstellen. Die Kunstbrennerei, eine alte Backsteinfabrik, steht versteckt im Hinterhof, am Rande der Altstadt. Ein geschützter Raum und doch mitten im Leben. „Stört es nicht, im Großraum kreativ zu arbeiten?" Im Gegenteil, es sei relativ ruhig und vor anderen arbeite man vielleicht sogar disziplinierter. Ganz unbewusst würde sich so auch die eigene Farbpalette erweitern, erzählen sie lachend.

TIPP Viele der Künstler stellen auch regelmäßig in anderen Ausstellungsräumen aus, siehe Homepage.

Die Fabrik, Baujahr 1890, umfasst 600 Quadratmeter auf zwei offenen Etagen, an denen Tische, Staffeleien und Farben stehen. Der heutige Name geht zurück auf eine Likörbrennerei, zu deren Kunden auch Bundeskanzler Konrad Adenauer gehört haben soll. Später beherbergte sie eine Barometermanufaktur und die Werkstatt eines Antikmöbel-Restaurators. Spuren aus allen Phasen finden die heutigen Mieter ständig, das macht den Charme des Geländes aus. Bei warmem Wetter stellen die Künstler die Türen auf und machen Pause unterm Dach im idyllischen Hof. Seit 2015 leben sie an diesem Ort ihre Kunst und geben das Gefühl gerne weiter. Normalerweise ist das grüne Hoftor zur Kölnstraße hin für Besucher geschlossen. Zu Ausstellungen und Veranstaltungen laden die Kunstbrenner ein und öffnen ihre Räume für Events, Lesungen, Konzerte. An den Offenen Ateliertagen in der Altstadt sind sie dabei und am ersten Samstag im Advent veranstalten sie alljährlich eine Benefiz-Kunstversteigerung für einen guten Zweck.

▶ kunstBRENNEREI e. V., Kölnstraße 139–141, 53111 Bonn (Nordstadt)
kunstbrennerei-bonn.de
▶ ÖPNV: Straßenbahn 61, 65, Bus 632, Haltestelle Rosental, wenige Minuten Fußweg

Legendäre Kuchen & Torten

69 *Im Café Profittlich in Rhöndorf*

Urig ist das treffsichere Adjektiv für dieses ehrwürdige Café in Rhöndorf am Fuße des Siebengebirges. Nach einer Wanderung zum Drachenfels, auf die Löwenburg oder zum Ölberg gibt es nichts Schöneres, als sich hier zu belohnen. Die Konditorei der Familie Profittlich im schnuckeligen Fachwerkhaus ist über 125 Jahre alt. Am Wochenende und vor Feiertagen muss man schon mal Schlange stehen, um durch die schmale Tür zum Verkaufsraum vorzudringen. Doch es lohnt sich. Dort warten Kuchen und Torten, wie man sie nicht schöner malen und nicht leckerer erträumen könnte. Die legendäre Herrentorte sowie der wahrhaft köstliche Christstollen werden in alle Welt verschickt. Das Rezept des Stollens hat ein Kamerad aus Zwickau dem Großvater im Ersten Weltkrieg nach seiner Heimkehr versprochen. Peter Profittlich, der mit seiner Schwester Karla den Betrieb in der vierten Generation führt, bewahrt das Original bis heute auf. Ein Besuch bei Profittlich ist auch für viele Bonner und Kölner in der Vorweihnachtszeit ein Muss. Zum Rhöndorfer Adventsmarkt gibt es dann einen ganzen Raum voller hausgemachter, duftender Plätzchen. Seine Lieblingssorten zu finden, das dauert,

TIPP Stiftung und Museum im nahen Adenauer-Haus geben Einblicke in die Anfänge der Bundesrepublik.

aber das Gefühl, in Christkinds Engelsbäckerei gelandet zu sein, möchte man ohnehin so lange wie möglich festhalten. Deutschlandweit berühmt wurde das Café in den 50er-Jahren durch den Seilbahnstreit mit Bundeskanzler Konrad Adenauer, der unweit des schönen Traditionscafés wohnte und seine Ruhe sowie freien Blick haben wollte. Was das Café in all den Jahren erlebt hat, weiß Inge Bott, die über 75 Jahre hinter der üppigen Tortentheke stand und die nostalgische Registrierkasse bediente. Auch viele der Kunden sind dem Café am Ziepchenplatz seit Generationen treu. Richtig Glück hat, wer noch ein Stück Schwarzwälder Kirschtorte erwischt, auch wenn ich mir mit diesem Tipp nun selbst schade. Diese wurde übrigens interessanterweise von einem Schwarzwälder in Bad Godesberg erfunden. Josef Keller, „der süße Josef", hat sie 1915 als Sommerdessert kreiert.

▶ Konditorei Café Profittlich, Drachenfelsstraße 21, 53604 Bad Honnef (Rhöndorf),
Tel. (0 22 24) 27 96, www.cafe-profittlich.de
▶ ÖPNV: Stadtbahn 66 und DB, Haltestelle Rhöndorf

Geschichten aus dem Leben

 Der ErzählSalon in der Villa Pfennigsdorf

„Erzähl doch mal …", sagten meine Schwester und ich immer zu unseren Eltern, Großeltern, Onkeln und Tanten. Viele ihrer Geschichten kannten wir schon und wollten sie dennoch hören. Auf der Top-Ten-Liste standen Erlebnisse vom Zuspätkommen am ersten Schultag, Kinderstreiche, dunkle Theaterräume, an deren Ausgängen Mädchen auf die Schauspieler warteten, Missgeschicke und verpasste Züge. Stoffe, die auch in Romanen vorkommen, die aber das Leben geschrieben hat. Solange es Menschen gibt, solange wird erzählt, und ohne dieses mündliche Weitergeben wüssten wir wahrscheinlich vieles gar nicht. Der ErzählSalon von Corinna Dommes pflegt diese Kultur seit 2005 auf wundervolle Weise. Sechsmal im Jahr verwandelt sich die Biografin in die Salonnière und lädt zum Erzählen in die Villa Pfennigsdorf in der Poppelsdorfer Allee 108 ein. Menschen unterschiedlichen Alters, verschiedener Herkunft und Religion finden hier einen geschützten Raum und erzählen sich ihre persönlichen Erlebnisse zu Themen wie: Düfte der Vergangenheit, Reise in die Fremde, Wie ich nach Bonn kam, Ein Augenblick, der mein Leben veränderte.

TIPP *Die interessante Geschichte des repräsentativen Bürgerhauses auf der Webseite nachlesen.*

Das Entscheidende neben dem Erzählen, das den eigenen Erinnerungen Struktur und Farbe gibt, Begebenheiten einen Rahmen schenkt, ist das respektvolle Zuhören. Auch das will geübt sein, weiß Corinna Dommes und zitiert dazu gerne Kurt Tucholsky: „Zuhören ist überhaupt die halbe Lebensweisheit!" Es verbindet, macht Verständigung möglich und baut Brücken zwischen Menschen.

Der untere Salon in der historischen Villa Pfennigsdorf ist der ideale Raum dafür, hätte sie doch selbst so vieles zu erzählen: Ihr Baujahr wird auf 1856 geschätzt. Interessierte werden um Anmeldung gebeten, da die Teilnehmerzahl begrenzt ist. Darüber hinaus gibt es auch öffentliche Salons oder ErzählNächte mit Publikum zu lokal- und industriegeschichtlichen Themen. Und natürlich kann man das Erzählen jeden Tag zu Hause üben mit Familie und Freunden. Nicht zufällig haben „Erzähl doch mal"-Bücher und Spiele mit Anregungen Hochkonjunktur.

▶ **ErzählSalon in der Villa Pfennigsdorf, Poppelsdorfer Allee 108, 53115 Bonn (Poppelsdorf),**
www.stiftung-pfennigsdorf.de / Corinna Dommes – Biographien & Unternehmensgeschichten,
Tel. (02 28) 926 59 53, www.corinna-dommes.de
▶ **ÖPNV: Bus 601, 602, 603, Haltestelle Beringstraße, Bus 631, Haltestelle Am Botanischen Garten**

 146

Camping 2.0

71 *Übernachten und feiern im BaseCamp Hostel*

Glück kann auch sein, einmal etwas anders als sonst zu machen. Wenn man an Camping in Bonn denkt, haben sicher viele ein ähnliches Bild vor Augen. „Mensch, wie hip" werden die wenigsten dabei ausrufen. Doch genau das ist es! 2012 eröffnete das BaseCamp Young Hostel in einer Lagerhalle unweit der Museumsmeile, „erster und einziger Indoor-Vintage-Campingplatz der Galaxie" nennt es sich selbst.

Ein Blick hinter die schillernden Kulissen, konkret in die coolen Retrowagen, ist ein Erlebnis. Sie stehen, wie es sich für Camper gehört, dicht an dicht samt Jägerzaun und Teppichrasen und heißen Gondel, Hausboot oder Space Shuttle. Auch im Bulli, Bahnschlafwagen oder auf dem Zeltdach eines Trabbis kann man übernachten. Bis zu vier Personen passen in die langen Airstreams aus Florida. Die Retrowagen sind bis ins kleinste Detail eingerichtet und von einer Filmset-Designerin zu Themen wie Rockabilly, Flower-Power, Dragqueen oder Weltenbummler konzipiert. Der Himmel ist hier immer blau mit Schäfchenwolken und auch um Schlechtwetterphasen muss man sich keine Sorgen machen. Typische Camperstimmung kommt durch die jeweils passend zum Thema angelegten Vorgärten und -plätze auf, mal Jägerhaus, mal mit Polstermöbeln, Flugzeugsitzen oder Liegestühlen. Gemeinschaftsduschen dürfen natürlich auch nicht fehlen. Beim Frühstück auf der Empore kann man den ganzen Platz überblicken, abends fährt die Beleuchtung runter. Die insgesamt 27 Übernachtungsoptionen bieten Platz für maximal 120 Gäste, insbesondere dank der bettenreichen Zugabteile. Jüngster Zuwachs ist ein Tiny House im Freien. Auf dem großen Außengelände kann man auch in den Biergarten gehen oder grillen. Wer es gerne bunt, lebendig, außergewöhnlich mag, ist hier richtig. Da das BaseCamp mit seinen 1500 Quadratmetern – Halle, Hochebene und Bühne eingerechnet – auch eine beliebte Eventlocation ist für Barcamps, Messen, Konzerte, Workshops bis hin zum Weihnachtsmarkt oder auch privaten Feiern, ist hier immer etwas los. Offizielle Bettruhe ist ab 23 Uhr.

TIPP Im BaseCamp finden auch Märkte und Events für Nicht-Übernachtungsgäste statt.

▶ **BaseCamp Hostel, In der Raste 1, 53129 Bonn (Gronau), Tel. (02 28) 9 34 949 55**
www.basecamp-bonn.de
▶ **ÖPNV: Stadtbahn 16, 63, 66, 67, 68, Haltestelle Ollenhauerstraße, wenige Minuten Fußweg**

Speisen wie im Süden

 72 *Die Restaurants am Karthäuserplatz*

Bonn wird gerne als nördlichste Stadt Italiens bezeichnet. Wahrscheinlich aufgrund seiner römischen Geschichte und der klimatischen Bedingungen am Rhein. Wo man sich im Sommer tatsächlich ein bisschen wie in südlichen Gefilden fühlen kann, ist am Karthäuserplatz im Stadtteil Kessenich hinter der Reuterbrücke. Schließlich verbringen auch die Italiener die Abende gerne draußen bei gutem Essen und leckerem Wein. Der Platz im ältesten Teil des Viertels beherbergt gleich drei bei Einheimischen überaus beliebte Restaurants. Idyllisch sitzt man im jüngsten Zuwachs, dem aus der Südstadt umgezogenen Bandoneon, wo man bis zur Bordsteinkante zwischen zauberhaften Laternen und zu Tangorhythmen speist. Wie der musikalische Name schon anklingen lässt, ist das Bandoneon ein argentinisch-mediterranes Restaurant. Innen mit Wandmalereien, samtenen Vorhängen und einem Flügel für Live-Musik.

Das Sassella nebenan im historischen Gasthaus zur Rosenburg, in dem drinnen zwischen urigen Steinmauern und draußen vor dem Lokal stilvolle italienische Gerichte serviert werden, ist über die Grenzen von Bonn hinaus bekannt. Die Brüder Giorgio und Francesco Tartero, die ursprünglich aus der Lombardei stammen, stellen ihre Nudelspezialitäten selbst her. Die hausgemachte Pasta gibt es auch in vielen Supermärkten an den Frischetheken zu kaufen. In über 35 Bonner Jahren bewirteten die beiden viele Politiker, darunter die legendäre Pizza-Connection von CDU und Grünen. Und das, obwohl es im Sassella gar keine Pizza gibt, dafür viele andere exquisite Klassiker. Ruhig und beschaulich sitzt man im Innenhof, dort spenden alte Kastanien Schatten. Freunde von Tapas und einem guten Roten gehen durch die linke Tür im Gasthaus zum Spanier, offiziell Rincon de España. Hierher kommt man nach der Arbeit auf einen netten Plausch und trifft mit großer Wahrscheinlichkeit irgendwen, den man kennt. Für einen Spaziergang nach dem Essen lohnt sich der kurze Aufstieg zur idyllisch gelegenen Alten Pfarrkirche Sankt Nikolaus aus dem 14. Jahrhundert.

TIPP An der Rosenburg vorbei durch den Wald am Venusberg wandern.

 Bandoneon, Karthäuserplatz 15, Tel. (02 28) 36 02 87 67, Ristorante Sassella, Tel. (02 28) 53 08 15, Rincon de España, Tel. (02 28) 23 96 09, Karthäuserplatz 21, 53129 Bonn (Kessenich), www.restaurantbandoneon.com, www.ristorante-sassella.de
ÖPNV: Straßenbahn 61, 62, Haltestelle Pützstraße, wenige Minuten Fußweg

Von Licht durchflutet

 73 *Doppelkirche und Strand in Schwarzrheindorf*

Die Schäl Sick, die schielende und damit im Volksmund falsche Rheinseite, hat ihren Ruf absolut zu Unrecht. Wo könnte das deutlicher sein als in Schwarzrheindorf? Das belächelte Schielen wird auf die Treidelpferde zurückgeführt, die rechtsrheinisch – in Wahrheit die Sonnenseite – vor lauter Licht Augenklappen tragen mussten. In Schwarzrheindorf gibt es parallel zwei in mehrfacher Hinsicht sonnendurchflutete Orte, die ich allen Lesern wärmstens ans Herz lege, da sie einen ad hoc in Ferienstimmung versetzen. Auf unserer internen Familienhitliste der Glücksorte haben sie es deshalb ganz nach oben geschafft!

Zunächst ist da die romanische Doppelkirche St. Maria und Clemens, Mitte des 12. Jahrhunderts erbaut. In ihrem Inneren erstrahlen mittelalterliche Deckenmalereien mit biblischen Motiven. Ein prächtiges, paradiesisches Haus sollte Gott nach romanischem Weltbild auf der Erde bereitet werden. Das ist gelungen! Die Doppelkirche ist eines der bedeutenden Baudenkmäler dieser Zeit. Durch eine achteckige Öffnung schaut man in die ebenso reich bemalte Kuppel der Oberkirche, die über eine schmale Wendeltreppe erreichbar ist. Außen führen steinerne Stufen zum Kreuzgang, der als Galerie um die Kirche gebaut ist. Von dort kann man den nahen Rhein sehen. Dieser ist die zweite Station, die einen mit Glück erfüllt. Von der Kirche ist man in wenigen Minuten am wildromantischen Rheinufer. Kinder sitzen auf den starken Ästen alter Kletterbäume, sammeln Steine und Treibholz. Jemand macht Musik, andere lesen oder grillen Würstchen und Stockbrot an improvisierten Feuerstellen. Containerschiffe schieben vorbei in Richtung Meer und das Rauschen des Flusses ans Ufer hört nicht auf. August Macke ist gerne hier mit seiner zukünftigen Frau spazieren gegangen, hoch bis zur Siegmündung. Wen wundert's. Ewig könnte man so gehen oder einfach sitzen und schauen, mit der Fließrichtung, auf die andere Seite und die Nordbrücke. Bis die Sonne im Rhein versinkt – und noch länger. Die Musiker bleiben sicher auch.

TIPP Hier führt der Erlebnisweg von Bonn nach Duisburg den Rhein entlang. Infotafeln dazu sind vor Ort.

◆ St. Maria und St. Clemens und Naturlandschaft am Rhein, 53225 Schwarzrheindorf
https://gemeinden.erzbistum-koeln.de
◆ ÖPNV: Bus 550, 640, Haltestelle Schwarzrheindorf Kirche

Handwerk fürs Herz

74 *Der Puppendoktor in der Nordstadt*

Thomas Dahl kennt solche Geschichten: Auf dem Dachboden ist sie ganz selten und in die alte Kommode hat die alte Dame viele Jahre nicht geschaut. Die Schublade klemmt und öffnet sich erst nach einem kräftigen Ruck. Doch auf einmal kommt Gerda zum Vorschein. Tränen laufen über die Wangen, als sie die ehemals heiß geliebte Puppe nach langer Zeit in den Händen hält. Ein Beinchen ist verdreht, die Haare verfilzt und ein Auge eingedrückt. Das früher so wunderschöne Puppenmädchen hat ein verblichenes, zerrissenes Kleidchen an. Eindeutig ein Fall für den Puppendoktor. In seinem Spielwarenladen am Kaiser-Karl-Ring schaut Thomas Dahl sich die Patienten in Ruhe an, bevor er eine Prognose abgibt. Wenn Menschen plötzlich ihre Lieblingspuppe oder den ramponierten Herzensteddy wiederfinden, muss die Wiederherstellung oft ganz schnell gehen. Es ist, als wollten die Kunden nun möglichst keinen Tag mehr ohne ihr gutes Stück sein. Viele rufen auch zwischendurch immer wieder an und fragen, wie es geht. Thomas Dahl, seit über 30 Jahren Puppendoktor, macht vieles möglich. Vor allem für Kinder, die es manchmal keine Nacht ohne ihr Kuscheltier aushalten.

TIPP Der Puppendoktor ist beeindruckt vom Leben Käthe Kruses, gerne nachlesen.

Früher war der Beruf in Deutschland recht verbreitet, mancher Friseur übernahm auch die Puppenpflege. Heute gibt es nur noch wenige Experten wie ihn. Für Sammler und Privatpersonen ein Glücksfall. Thomas Dahl, selbst Sammler, insbesondere von Käthe-Kruse-Puppen, hat ein großes Sortiment an Ersatzteilen und verkauft jede Menge Zubehör in seinem Laden, Geschirr, Kleidung, Hüte, Schuhe, aber auch Schulranzen oder Schirme. Während seines Studiums der Sprach- und Sonderpädagogik machte er sein Hobby zum Beruf und reparierte zunächst in seiner Wohnung. Die Medien wurden auf ihn aufmerksam, die Kunden ebenso und so veränderten die Puppen sein Leben. Die Bonner kennen Dahls Puppenklinik noch aus Beuel und vom Friedensplatz. 2014 zog er mit Team, Werkstatt und dem „Kaufhaus für Kleine und Große" in den Norden. Auch hier gehen die Kunden jeden Alters glücklich nach Hause.

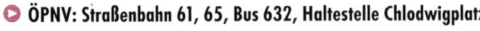

❯ **Puppendoktor Thomas Dahl, Kaiser-Karl-Ring 29, 53111 Bonn (Nordstadt), Tel. (02 28) 63 10 09**
www.puppendoktor-dahl.de
❯ **ÖPNV: Straßenbahn 61, 65, Bus 632, Haltestelle Chlodwigplatz**

Wartesaal erster Klasse

 75 *Bistro im Museumsbahnhof Rolandseck*

Der Kulturbahnhof Rolandseck ist ein Gesamtkunstwerk mit Museum, Gastronomie, Bahnstation und muss, auch wenn er offiziell zu Remagen und damit zu Rheinland-Pfalz gehört, rein ins Buch. Am schönsten reist man mit der Regionalbahn durch das Mittelrheintal an, eine der malerischsten Zugpassagen überhaupt, mitten durchs Weltkulturerbe. Doch auch wer mit der Fähre aus Bad Honnef übersetzt oder via B 9 aus Bonn oder Köln kommt, kann sich glücklich schätzen. Besonders wenn es ein warmer, sonniger Tag ist, und man einen Sitzplatz auf der Bistroterrasse im ersten Stock erwischt. Unter dem schmiedeeisernen Vordach ist der rote Teppich stets ausgerollt. Schon der weitgereiste Alexander von Humboldt hat diesen Blick auf Siebengebirge und Rhein bei seinen sieben schönsten Ansichten der Welt notiert. Damals gab es das sehenswerte moderne Arp Museum noch nicht, das über das Bahnhofsgebäude in den Berg gebaut und 2007 eröffnet wurde. Die beiden Gebäude sind durch einen unterirdischen Tunnel sowie einen gläsernen Aufzug verbunden.

Den prachtvollen Jugendstilbahnhof gibt es seit 1858. In der Hochzeit der Rheinromantik war hier die Endstation der Köln-Bonner Eisenbahngesellschaft. Illustre Gäste wie Kaiser Wilhelm II., die Brüder Grimm, Friedrich Nietzsche und Clara Schumann besuchten die „Rheinische Riviera". In

TIPP *Zum Tierpark Rolandseck hochwandern, dort unbedingt Tierfutter kaufen, es riecht wie in Kindertagen.*

den 60er-Jahren sollte das verfallene Gebäude abgerissen werden, bevor ein Bonner Galerist die rettende Idee des Kulturbahnhofs umsetzte und internationale Künstler ins Rheintal zog. Darunter auch Stephen McKenna, der mit seinen Wandmalereien die wohl schillerndsten Toiletten der Bonner Republikzeit schuf. Daher auf jeden Fall das stille Örtchen aufsuchen! Auch bei weniger gutem Wetter tut ein Besuch im Bistro-Restaurant mit dem Namen interieur no. 253 gut. Der große frühere Wartesaal für Reisende erster Klasse mit unverputzter Stuckdecke, Kronleuchtern, Parkett und Künstlerbar ist einfach eine inspirierende Adresse. Die Küche setzt auf saisonale, internationale Kreationen und eine umfangreiche Weinkarte.

● interieur no. 253 im Arp-Museum Bahnhof Rolandseck, Hans-Arp-Allee 1, Tel. (0 22 28) 91 11 11, 53424 Remagen, www.interieur-no253.de, https://arpmuseum.org
● ÖPNV: DB, Haltestelle Bahnhof Rolandseck, Stadtbahn 66, Endhaltestelle Bad Honnef, dann 5–10 Minuten zur Fähre laufen und übersetzen

Modernes Room-Sharing

76 *Workshops und Events bei Butterfly & Friends*

Grasgrün ist die Farbe des Frühlings, sie steht für Wachstum und Butterfly & Friends. Im Erdgeschoss der Noeggerathstraße 13 haben Kathrin und Oliver Kelz, selbstständige Yogatrainerin und Betriebswirt, ein Zentrum eingerichtet, dessen Räume flexibel genutzt und gemietet werden können. Selbstverständlich für Yogakurse, aber auch Workshops, Vorträge, Lesungen und vieles mehr. In ihrem gleichnamigen Yogastudio in der Südstadt erlebt Kathrin Kelz immer wieder, wie wichtig die Entfaltung des ganzen Menschen ist, dass Yoga Impulse gibt und vieles anstößt, das darüber hinaus weitergehen kann. Die persönliche Entwicklung umfasst viele Aspekte und kann auf verschiedenen Säulen stehen. Genau an diesem Punkt setzt Butterfly & Friends an. Das Ergebnis ist ein modernes Achtsamkeitsstudio, das von einem breiten Netzwerk, den Friends, jeden Tag neu mit Leben gefüllt wird. Die Etage umfasst unter anderem einen 45 Quadratmeter großen Raum, ideal für Kurse, Seminare, Trainings, sowie eine Küche mit gemütlicher Lounge und Kissen auf der Fensterbank. Bei schönem Wetter kann man auch im großen möblierten Innenhof sitzen.

TIPP *Bummel auf der Thomas-Mann-Straße.*

Dieses Room-Sharing-Modell ist für Existenzgründer und Start-ups eine gute Lösung, aber auch für Anbieter, die selbst keine geeigneten Räumlichkeiten in zentraler Lage haben. So können sie sich und ihre Ideen ausprobieren – ohne hohe Investitionen oder langfristige Verpflichtungen. Den Klienten und Teilnehmern steht somit eine große Angebotsvielfalt offen: „Feel good, stay happy"-Tanzpartys, Wochenend-Stimmtrainings, Auszeittage, Job-Coachings und Yoga für Kinder, Männer, Schwangere. Butterfly & Friends macht alle Termine zentral über verschiedene Kanäle bekannt und lädt regelmäßig via Newsletter ein. Alle Partner können eine App für ihre Terminplanung nutzen, schnell checken, ob zur gewünschten Zeit frei ist, und blocken. An diesem Ort sollen sich alle willkommen fühlen und von hier aus gestärkt weiter ihren Weg gehen. Grün ist schließlich auch die Farbe der Hoffnung.

○ **Studio Butterfly & Friends, Noeggerathstraße 13, 53111 Bonn (Zentrum)**
www.butterfly-friends.de oder www.butterfly-yoga.de
○ **ÖPNV: diverse Buslinien, Straßenbahn 61, 62, Haltestellen Thomas-Mann-Straße oder Hauptbahnhof, wenige Minuten Fußweg**

Aufs Sofa sinken

77 *Mayras Wohnzimmer-Café in Beuel*

Wer sich bei einem Regenschauer ins Beueler Wohnzimmer-Café flüchtet und in einen der gemütlichen Sessel oder in eine Sofaecke plumpsen lässt, wird so schnell nicht wieder gehen wollen. Von außen ist das gemütliche Café ein freistehendes Wohnhaus über drei Etagen, nicht weit vom Rheinufer gelegen. Drinnen ist es kuschelig und es fühlt sich sofort an, wie nach Hause zu kommen. Im Erdgeschoss und im 1. Stock stehen mehrere Sitzgruppen aus liebevoll kombinierten Retro-Polstermöbeln um Holztische herum. Daneben geben passend beschirmte Lampen warmes Licht. Ausstattung und Speisenauswahl haben etwas von einer liebevollen Umarmung. Frühstück gibt es in vielen Varianten vom Käsetraum bis zur Strammen Mayra, an allen Tagen bis 12 Uhr. Feel Good Pancakes süß und salzig machen ihrem Namen Ehre und feine Tartes und Törtchen warten im so beschrifteten Glücklichkeits-Spender. Auch kleine Snacks, ausdrücklich für große und kleine Genießer, wie Reisbrei, Quiche, Focaccia und Käsespätzle stehen auf der Karte.

Das alles reicht schon, um das Wohnzimmer-Café zur beliebten Ausgehadresse für Menschen mit Kindern zu machen. Ideal wird es jedoch durch die 3. Etage, auf der nicht nur die Toiletten untergebracht sind, sondern auch ein Spielzimmer für die Kids mit zwei weiteren Sesseln für ihre Begleiter. Und definitiv sitzt frau im Wohnzimmer-Café auch wunderbar mit einer lieben Freundin, die man lange nicht gesehen hat und mit der die Themen nie ausgehen. Genau das ist es, was der Inhaber Diego Zellner sich wünscht. Ihm ist wichtig, dass sein Café familienfreundlich ist und die Gäste sich frei fühlen – in einem stylischen Ambiente. Mit dem Wohnzimmer-Café verwirklichte der Familienvater 2014 einen lange gewachsenen persönlichen Traum. Er erstand auf Flohmärkten und übers Internet die gemütliche Einrichtung und benannte das Café nach seiner Tochter. Dass es seine Mitarbeiter, die hier so wie er viel Zeit verbringen, nach ihrer Schicht nie schnell in ihre eigentlichen Wohnzimmer ziehe, nimmt er als gutes Zeichen.

TIPP Zum Rhein gehen und mit der Rheinnixe übersetzen.

🔹 **Mayras Wohnzimmer-Café, Friedrich-Breuer-Straße 39, 53225 Bonn (Beuel),**
Tel. (02 28) 38 76 34 00, www.mayraswohnzimmer.eatbu.com
🔹 **ÖPNV: Bus 606, 632, Haltestelle Hermannstraße/Konrad-Adenauer-Platz, Straßenbahn 62, 65,**
Stadtbahn 66, 67, Haltestelle Konrad-Adenauer-Platz, wenige Minuten Fußweg

Kraft tanken unter Bäumen

78 *Der Park der LVR-Klinik*

Im Bonner Norden befindet sich die LVR-Klinik mit psychiatrischem Schwerpunkt, sie wurde 1882 eingeweiht. Das gründerzeitliche Ensemble steht seit 1980 unter Denkmalschutz. Der verwunschene Park ist für Patienten und Passanten an allen Tagen offen und wird von Anwohnern gerne für einen Spaziergang genutzt. Im Norden grenzt das Gelände an den idyllischen Mondorfer Bachlauf und ist ansonsten von stark befahrenen Straßen umgeben. Trotzdem kann man hier bestens abschalten und eine Pause vom Alltagstrubel einlegen. Man taucht in eine überraschend andere Zeit ein, in der die Uhren gemächlicher ticken. Ein bisschen fühlt es sich an, als dürfe man bei Nesthäkchen aus den 80ern mitspielen oder in der kürzlich gedrehten Fernsehserie Charité. Das Besondere: Man weiß nicht genau, ist die Klinik im Park oder gehört der Park zur Klinik. Die rotbraunen Backsteingebäude und die Grünflächen ergänzen sich geradezu symbiotisch und bilden gemeinsam einen Ort der Ruhe und Erholung. Das sollte auch von Anfang an so sein. Der Park diente nicht nur als Vorzeigeobjekt, ihm war auch eine therapeutische Aufgabe zugedacht.

TIPP **Große Artenvielfalt für Naturliebhaber im Arboretum Härle in Oberkassel, Führungen siehe Homepage.**

Die Artenvielfalt ist außergewöhnlich. Baumarten aus fünf Kontinenten wurden angepflanzt und spenden auch heute noch Schatten, wie der Glockenbaum, der Riesen-Mammutbaum, die Grannenkiefer und die Atlaszeder. Insgesamt sind über 150 verschiedene Gehölzarten vertreten. Früher gehörten auch landwirtschaftliche Nutzflächen, ein Wirtschaftshof zur Selbstversorgung sowie Ziergärten zu dem Komplex. Weil die einzelnen Klinikbereiche durch überdachte Gänge verbunden waren, ist der Park sehr verwinkelt, einzelne Parknischen standen bestimmten Abteilungen zur Verfügung. Mittlerweile gibt es auch viele Wohnungen und Wohnprojekte in ehemaligen Klinikräumen auf dem Gelände, was man an den privat ausgestalteten Sitzecken und Vorgärten erkennen kann. Eine Kirche und eine Schule gehören dazu. In Haus 15 gibt das Museum „Ver-rückte Zeiten" einen Einblick in die Geschichte der Klinik und der Psychiatrie.

○ **Park der LVR-Klinik, Kaiser-Karl-Ring 20, 53111 Bonn (Nordstadt)**
○ **ÖPNV: Straßenbahn 61, 65, Haltestelle LVR-Klinik**

162

Super jeile Zick

 79 *Die Vierdelszöch in den Bonner Stadtteilen*

Beim rheinischen Straßenkarneval denken die meisten an Köln. Dabei nimmt Bonn, im 19. Jahrhundert Geburtsort der Weiberfastnacht, eine ganz zentrale Rolle ein. Schon hundert Jahre vorher, 1731, feierten die Adligen im kurfürstlichen Schloss Fastnacht mit einem Umzug als Bauernhochzeit. Auch in Bonn startet die Session am 11.11. um 11.11 Uhr auf dem schönen Bonner Rathausplatz. An den Karnevalstagen im Februar, März gibt es Umzüge in den meisten Stadtteilen. Da Bonn aus vielen eingemeindeten Dörfern besteht, sind sie sehr zahlreich. Nach dem bönnschen Dialekt heißen sie Vierdelszöch (Kölsch: Veddelszöch). Im Gegensatz zum großen Rosenmontagszug, der ein Event für den ganzen Tag ist, sind die Umzüge in den Vierteln ein Vergnügen für 1 bis 2 Stunden, sofern man den Standort nicht wechselt. Alle sind auf den Beinen, gehen oder fahren in selbstgemachten Kostümen mit: Schulen, Kindergärten, ortsansässige Geschäftsleute, Vereine und Gruppen. Die andere Hälfte der Bewohner und viele Gäste stehen am Straßenrand und warten auf Kamelle für die Kinder und Strüßje für die Frauen. Ge-

TIPP Kostüme gibt es bei Deiters, Knauber, Karstadt und Kaufhof.

bützt, also geküsst, wird natürlich auch, was das Zeug hält, denn jeder kennt ja quasi jeden. Vierdelszöch gibt es in sage und schreibe 20 Stadtteilen, an allen Karnevalstagen. Den Auftakt machen Tannenbusch, Kessenich und Mehlem am Samstag vorab. In den Vorgärten brutzeln dann die Grillwürstchen, in der Garage wird das Bierfässchen angezapft für jeden, der vorbeikommt, und aus im Fenster aufgebauten Lautsprechern tönen die Best-of-Karnevalshits. So wird das Warten auf den Zug gar nicht lang, es gehört sogar zum Feiern dazu, einfach Sektflaschen raus und warmtanzen. Besonders in den Jahren, in denen pünktlich zum Karneval der Winter zurückkehrt und es schneit. Ob man sich kennt oder nicht, alle sind auf einmal eine große, närrische Familie und singen gemeinsam von der „super jeilen Zick" (Hochdeutsch: supergeile Zeit) oder den Hit der Bonner Brassband Querbeat „Nie mehr Fastelovend – also Karneval – ohne dich." Ja, wer weiß!

🔴 **Die Karnevalszüge in den Bonner Stadtteilen, ab dem Wochenende vor Weiberfastnacht**
www.kamelle.de, www.karneval-in-bonn.de
🔴 **Für alle gilt: An Karneval haben die Umzüge Vorfahrt, bitte jeweils die Sonderfahrpläne beachten**

Los in die Welt

 Vom ICE-Bahnhof Siegburg zu eigenen Glücksorten

Was wird mancher denken? Wieso ist dieser spröde, schnörkellose Bahnhof ein Glücksort? Bahnhöfe ähneln Flüssen, hier ist reges Treiben, ein Kommen und Gehen in verschiedene Richtungen, Tag für Tag, Jahr für Jahr. Ab dem ICE-Bahnhof in Siegburg, einer Kreisstadt 15 Kilometer von Bonn entfernt, gibt es die schnellste Zugverbindung auf der Rhein-Main-Strecke. Der Bahnhof ist, sollte sich jemand wundern, das beste Beispiel dafür, dass Glücksorte nicht zwingend objektiv schön und idyllisch sein müssen. Ganz anders als der Bonner Hauptbahnhof, dessen repräsentatives, heute unter Denkmalschutz stehendes Gebäude in den Jahren 1883/84 errichtet wurde. Damals hatte der Mythos Rheinromantik touristisch Hochkonjunktur. Der Siegburger Bahnsteig ist ein modernes, überdachtes, barrierefreies Betonbauwerk mit Parkhaus und Parkplätzen daneben für die vielen Berufspendler, die die Schnellstrecke benutzen. 2002 nahm er seinen Betrieb auf. In 30 Minuten ist man in Köln, in weniger als einer Stunde in Frankfurt an Europas größtem Flughafen oder am Frankfurter Hauptbahnhof. Im Untergeschoss fährt die Stadtbahn regelmäßig nach Bonn. Wer Zeit hat bei Ankunft oder Abfahrt: Im nahen Stadtzentrum findet alljährlich ein sehr beliebter mittelalterlicher Weihnachtsmarkt statt. Im Sommer kann man dort herrlich sitzen.

TIPP *Von der ehemaligen Benediktinerabtei auf dem Michaelsberg über die Region schauen.*

Am ICE-Bahnhof Siegburg bin ich immer in einer ganz besonderen Aufbruchsstimmung. Wenn die Sonne auf den Bahnsteig scheint, freue ich mich auf den Tag. Mit leichtem Gepäck, wie die Frau von Drei Wetter Taft, reise ich zu Kollegen, Freunden, Lesungen und Seminaren und wenn es irgendwie möglich ist, nach Frankfurt auf die Buchmesse – auch so ein Glücksort, aber der gehört in ein anderes Buch. Ich hoffe, dieses hier kann vielen Lust auf Bonn machen und Freude wecken am Entdecken von ihren ganz persönlichen Glücksorten. Ob ein Ort Glück ausstrahlt oder schenkt, ist individuell, es hängt in erster Linie von der Perspektive ab und natürlich von den Menschen, mit denen wir ihn verbinden. Also dann: gute Fahrt und viele glückliche Augenblicke!

○ **ICE-Bahnhof Siegburg-Bonn, Wilhelmstraße 45, 53721 Siegburg**
○ **ÖPNV: Bus 640, Stadtbahn 66, 67, Haltestelle Siegburg Bahnhof**

Bibliografische Informationen der Deutschen Nationalbibliothek
Die Deutsche Nationalbibliothek verzeichnet diese Publikation in der Deutschen Nationalbibliografie;
detaillierte bibliografische Daten sind im Internet über http://dnb.d-nb.de abrufbar.

© 2019 Droste Verlag GmbH, Düsseldorf
Konzeption/Satz: Droste Verlag, Düsseldorf
Einbandgestaltung und Illustrationen: Britta Rungwerth, Düsseldorf unter Verwendung von Bildern von
© Fotolia.com: jd – photodesign.de; © iStock: Plociennik Robert
Fotos: Michèle Lichte, außer:
S. 19; S. 27; S. 43; S. 93; S. 97; S. 153; S. 167: Ursula Kollritsch
Und von vorne: S. 11: Victoria Harlos, Print & Paint; S. 17 Axel Hartmann, Köln; S. 21: Johannes Dreuw; S. 29: Junges
Theater Bonn; S. 33 Fahim Farooq; S. 49: Beethoven-Haus Bonn; S. 65: V-Hotel GmbH, Bonn; S. 67 Lukas Miething;
S. 71: Philip Buchen; S. 73: GaStru Cuisine im Lindenhof; S. 75: Sybille Pietrek, © Kunst- und Ausstellungshalle der
Bundesrepublik Deutschland, Bonn; S. 79: Harald Kirsch, Pantheon; S. 87: Förderverein Panoramabad Rüngsdorf e. V.;
S. 99: Thilo Beu; S. 105: Birgitt Hanner-Schmitz; S. 109: Confiserie Coppeneur et Compagnon GmbH; S. 111: Kunst!Ra-
sen GmbH; S. 121: Johannes Klais Orgelbau GmbH & Co. KG; S. 131: ZFMK, Bonn, S. 145: Felix Perschen; S. 159: Oliver
Kelz, Butterfly and Friends, Bonn; S, 165: Eric Sadler
Zitate/Quellen: S. 10: Rilke, Rainer Maria: Lieben I. In: Erste Gedichte, 1. Auflage, Leipzig 1913.
S. 46: Pirandello, Luigi: Pasqua di Gea, Gedichte, Milano 1891
Druck und Bindung: Gutenberg Beuys Feindruckerei GmbH, Langenhagen
ISBN 978-3-7700-2142-0

www.drosteverlag.de